Pour comprendre les MATHS

CM2
CYCLE 3

PROGRAMME 2020

Adapté au programme marocain

Ce fichier appartient à

....

....

N. Bramand
Professeur des écoles

S. Delsalle
Professeur des écoles

É. Lafont
Professeur des écoles

C. Maurin
Formateur en mathématiques

D. Peynichou
Maître formateur

A. Vargas
Directeur d'école

hachette
ÉDUCATION

Mode d'emploi

Les savoirs mathématiques sont construits et établis à travers des activités d'apprentissage éducatives et selon les étapes suivantes : construction du concept, activités de mathématisation, évaluation formative, consolidation et traitement.
Au cours de l'année scolaire, l'organisation de la construction des savoirs évolue dans le temps.

Unités 1 à 4

Un seul concept est traité par semaine. Il est présenté sur une double page dans ce fichier.
Durant la semaine, le travail est découpé en cinq séances décrites dans le guide pédagogique :

- Séance 1 : construction du concept
- Séance 2 : activités de mathématisation
- Séance 3 : activités de mathématisation
- Séance 4 : activités d'évaluation
- Séance 5 : activités de consolidation et de traitement

Calcul mental (séance 4)
L'élève écrit ici les réponses à cinq items (cf. guide pédagogique).

Un encadré pour l'enseignant :
– objectifs d'apprentissage conformes aux programmes ;
– présentation du calcul mental.

Construction du concept (séance 1)
Trace écrite des manipulations collectives présentées dans le guide pédagogique.

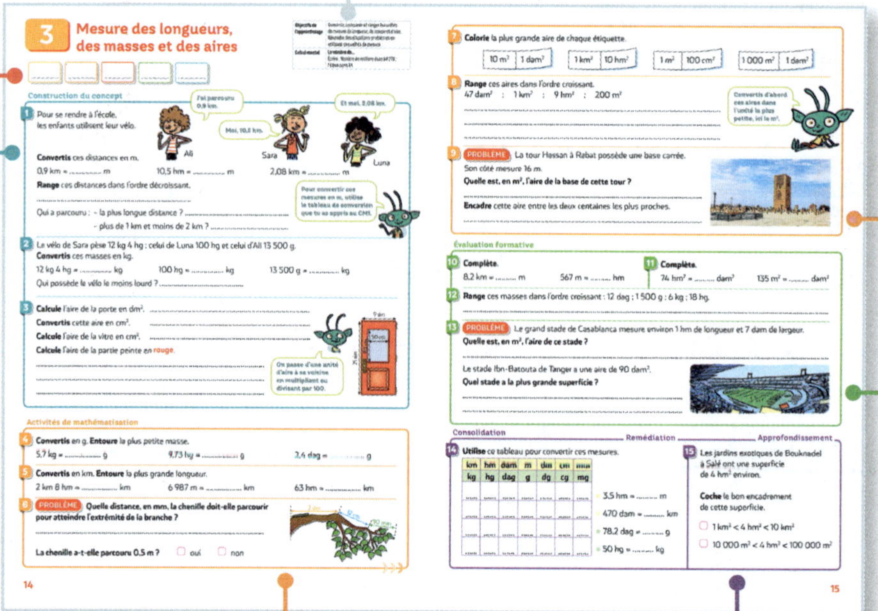

Activités de mathématisation (séance 3)
Les problèmes sont signalés par un picto.

Évaluation formative (séance 4)
Elle évalue les apprentissages effectifs dans le but de proposer un soutien ciblé ou des activités d'approfondissement.

Activités de mathématisation (séance 2)
Mise en pratique individuelle et progressive des outils conceptuels abordés lors de la construction du concept.

Consolidation (séance 5)
À partir de l'évaluation formative, proposition d'activités adaptées : **remédiation** et **approfondissement**.

Unités 5 et 6

Dans les unités 5 et 6, deux concepts sont abordés chaque semaine, chacun étant présenté sur une page.

Une leçon s'effectue en deux séances :

- Séance 1 : construction et mathématisation
- Séance 2 : évaluation et consolidation

La dernière séance de la semaine concerne les deux leçons. Réalisée sur le cahier de l'élève ou l'ardoise, elle est consacrée à la différenciation et à la consolidation.

Un encadré pour l'enseignant :
– objectifs d'apprentissage ;
– présentation du calcul mental.

Calcul mental (séance 2)

Activités de mathématisation (séance 1)

Consolidation (séance 2)

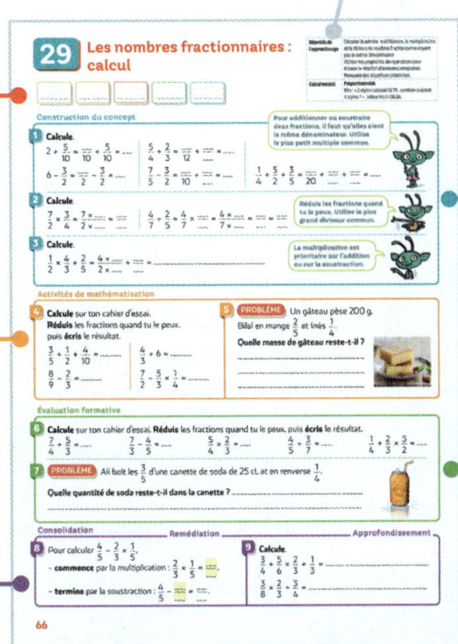

Construction du concept (séance 1)

Évaluation formative (séance 2)

Les pages MÉMO

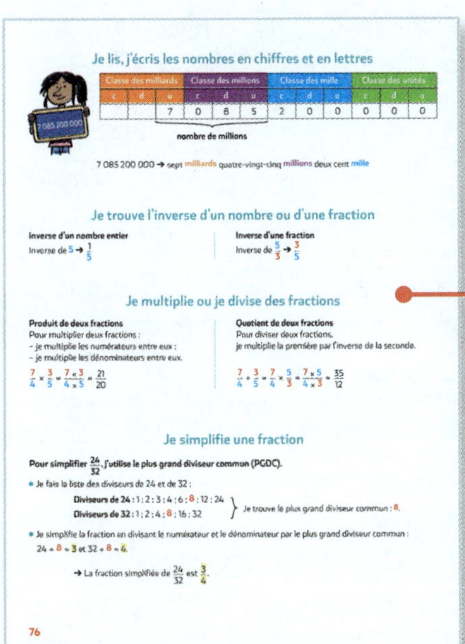

Ces pages regroupent en fin de fichier les notions essentielles.

L'élève pourra s'y référer tout au long de l'année.

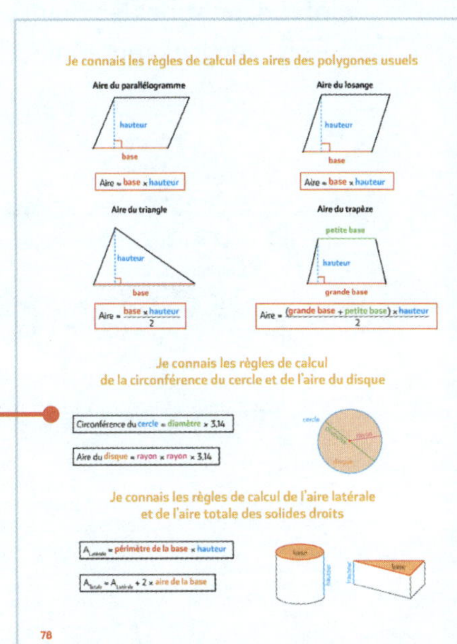

Les types d'évaluation

En début d'année : l'évaluation diagnostique

Elle vise à évaluer les acquis des apprenants et à détecter précocement les lacunes et carences dans les différents domaines mathématiques décrits dans les cadres de référence.
L'analyse des réponses des élèves aura pour objectif de faciliter la consolidation et la remédiation.

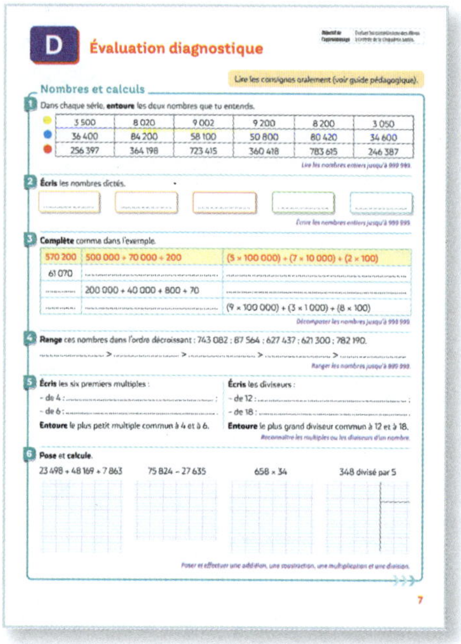

D Évaluation diagnostique

Lire les consignes oralement (voir guide pédagogique).

Nombres et calculs

1 Dans chaque série, **entoure** les deux nombres que tu entends.

3 500	8 020	9 002	9 200	8 200	3 050
36 400	84 200	58 100	50 800	80 420	34 600
256 397	364 198	723 415	360 418	783 615	246 387

Lire les nombres entiers jusqu'à 999 999.

2 **Écris** les nombres dictés.

Écrire les nombres entiers jusqu'à 999 999.

3 **Complète** comme dans l'exemple.

570 200	500 000 + 70 000 + 200	(5 × 100 000) + (7 × 10 000) + (2 × 100)
61 070	....	....
....	200 000 + 40 000 + 800 + 70	....
....	....	(9 × 100 000) + (3 × 1 000) + (8 × 100)

Décomposer les nombres jusqu'à 999 999.

4 **Range** ces nombres dans l'ordre décroissant : 743 082 ; 87 564 ; 627 437 ; 621 300 ; 782 190.

.... > .... > .... > .... > ....

Ranger les nombres jusqu'à 999 999.

5 **Écris** les six premiers multiples :
- de 4 : .... ;
- de 6 : ....

Entoure le plus petit multiple commun à 4 et à 6.

Écris les diviseurs :
- de 12 : .... ;
- de 18 : ....

Entoure le plus grand diviseur commun à 12 et à 18.

Reconnaître les multiples ou les diviseurs d'un nombre.

6 **Pose** et **calcule**.

23 498 + 48 169 + 7 863 75 824 – 27 635 658 × 34 348 divisé par 5

Poser et effectuer une addition, une soustraction, une multiplication et une division.

7

Dans chaque leçon : l'évaluation formative

Elle a pour but de diagnostiquer la maîtrise des nouveaux concepts abordés dans la leçon, afin d'identifier les points forts et ceux à renforcer.
Ces exercices reprennent les compétences abordées dans la leçon.

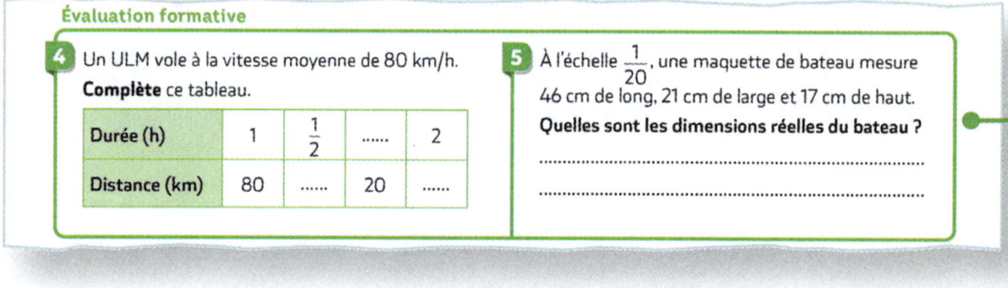

Évaluation formative

4 Un ULM vole à la vitesse moyenne de 80 km/h.
Complète ce tableau.

Durée (h)	1	$\frac{1}{2}$	......	2
Distance (km)	80	......	20	......

5 À l'échelle $\frac{1}{20}$, une maquette de bateau mesure 46 cm de long, 21 cm de large et 17 cm de haut.
Quelles sont les dimensions réelles du bateau ?

....

....

Évaluation formative

L'évaluation sommative

Elle est proposée à deux moments de la progression : à la fin de chaque unité et à la fin de chaque semestre.
Elle vise à vérifier le résultat réel de l'apprentissage et le degré d'acquisition des compétences.

▶ En fin d'unité

Sur une page, elle permet de faire le bilan sur les acquisitions de l'unité. La page suivante propose des pistes de consolidation ainsi qu'une synthèse des principaux apprentissages.

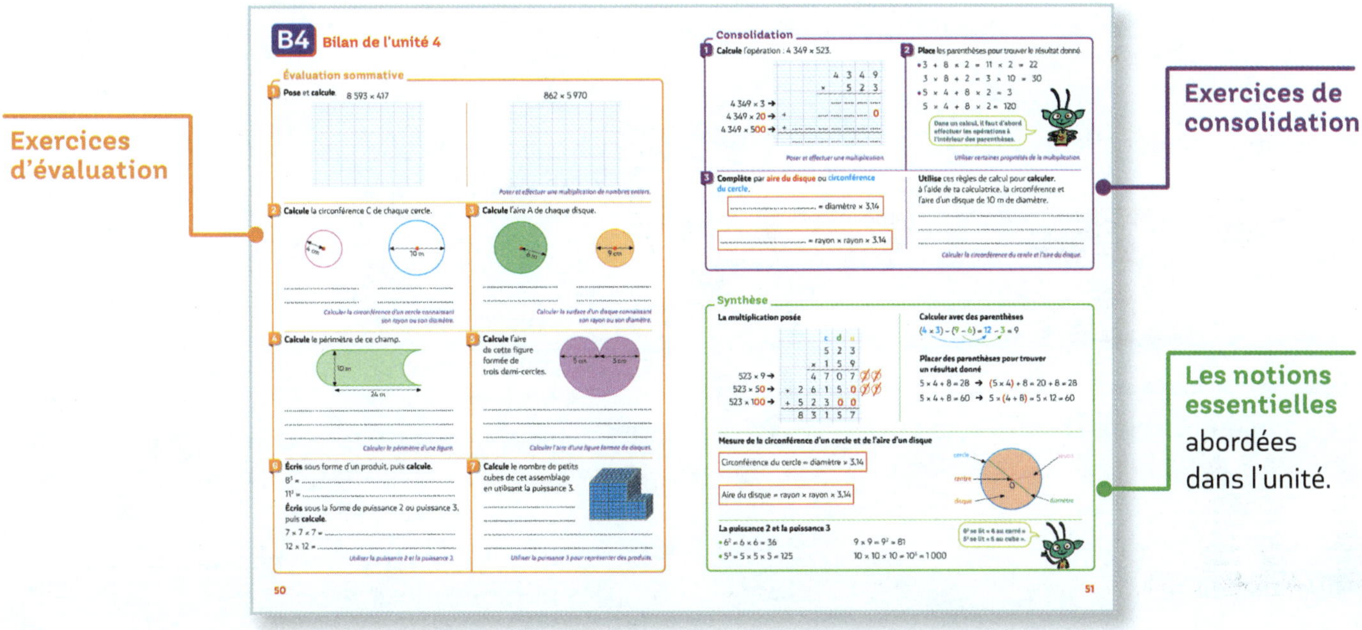

▶ En fin de semestre

Organisée par domaines mathématiques, elle permet de faire le bilan sur les acquisitions du semestre.
Pour chaque domaine, un tableau permet de rassembler les résultats de l'élève.

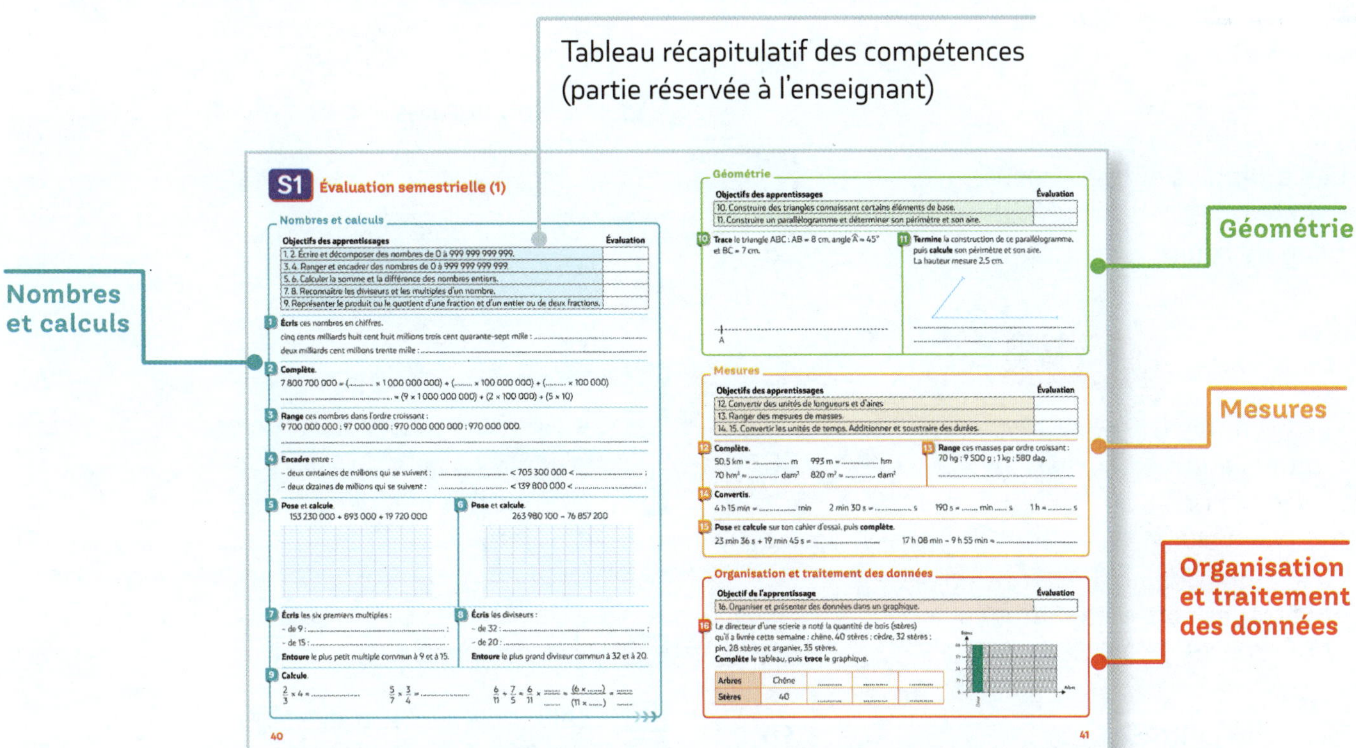

Sommaire

- Nombres et calculs
- Organisation et traitement des données
- Géométrie
- Mesures

D Évaluation diagnostique

Objectif de l'apprentissage	Évaluer les compétences des élèves à l'entrée de la cinquième année.

Lire les consignes oralement (voir guide pédagogique).

Nombres et calculs

1 Dans chaque série, **entoure** les deux nombres que tu entends.

🟡	3 500	8 020	9 002	9 200	8 200	3 050
🔵	36 400	84 200	58 100	50 800	80 420	34 600
🔴	256 397	364 198	723 415	360 418	783 615	246 387

Lire les nombres entiers jusqu'à 999 999.

2 **Écris** les nombres dictés.

....

Écrire les nombres entiers jusqu'à 999 999.

3 **Complète** comme dans l'exemple.

570 200	500 000 + 70 000 + 200	(5 × 100 000) + (7 × 10 000) + (2 × 100)
61 070	....	....
....	200 000 + 40 000 + 800 + 70	....
....	....	(9 × 100 000) + (3 × 1 000) + (8 × 100)

Décomposer les nombres jusqu'à 999 999.

4 **Range** ces nombres dans l'ordre décroissant : 743 082 ; 87 564 ; 627 437 ; 621 300 ; 782 190.

.... > .... > .... > .... > ....

Ranger les nombres jusqu'à 999 999.

5 **Écris** les six premiers multiples :

– de 4 : .... ;

– de 6 : ....

Entoure le plus petit multiple commun à 4 et à 6.

Écris les diviseurs :

– de 12 : .... ;

– de 18 : ....

Entoure le plus grand diviseur commun à 12 et à 18.

Reconnaître les multiples ou les diviseurs d'un nombre.

6 **Pose** et **calcule**.

23 498 + 48 169 + 7 863

75 824 – 27 635

658 × 34

348 divisé par 5

Poser et effectuer une addition, une soustraction, une multiplication et une division.

7 **Écris** des fractions équivalentes, puis **compare** deux fractions en plaçant le signe **<** ou **>**.

$\frac{2}{5} = \frac{\dots\dots}{10}$ donc $\frac{2}{5}$ ..... $\frac{7}{10}$

$\frac{8}{20} = \frac{\dots\dots}{100}$ donc $\frac{8}{20}$ ..... $\frac{23}{100}$

Trouver des fractions équivalentes. Comparer deux fractions.

8 **Calcule**.

$\frac{1}{3} + \frac{5}{4} =$ ....

$\frac{5}{3} - \frac{3}{2} =$ ....

Additionner et soustraire des fractions.

9 **Complète** comme dans l'exemple.

Fraction décimale	Nombre décimal	Partie entière	Partie décimale
$\frac{54}{10}$	5,4	5	0,4
$\frac{37}{10}$	....	....	....
$\frac{\dots\dots}{\dots\dots}$	8,2	....	....
$\frac{315}{100}$	....	....	....

Lire et décomposer un nombre décimal.

10 **Écris** les nombres décimaux (avec une virgule).

2 unités 7 dixièmes = ...

63 centièmes = ...

8 unités 4 centièmes = ...

Écrire un nombre décimal.

11 **Range** ces nombres décimaux dans l'ordre croissant : 8,34 ; 4,8 ; 12,6 ; 4,32 ; 7,5.

.... < .... < .... < .... < ....

Ranger des nombres décimaux.

12 **Pose** et **calcule**.

4,9 + 16,7

54,7 – 7,35

Poser et effectuer une addition et une soustraction de nombres décimaux.

13 Le nombre de crêpes est proportionnel au nombre d'œufs.
Complète le tableau.

Nombre de crêpes	20	10	....	60	30
Nombre d'œufs	4	....	8	....	....

Compléter un tableau de nombres proportionnels.

Organisation et traitement des données

14 PROBLÈME Hadjar utilise une citerne de récupération d'eau de pluie pour arroser son potager.
Le tableau montre la quantité d'eau restant dans la citerne au cours de la semaine.

Jour	D	L	M	M	J	V	S	D
Eau (L)	300	275	225	150	150	125	50	0

Complète le graphique à lignes brisées.

Quel jour Hadjar n'a-t-elle pas arrosé son potager ?

....

....

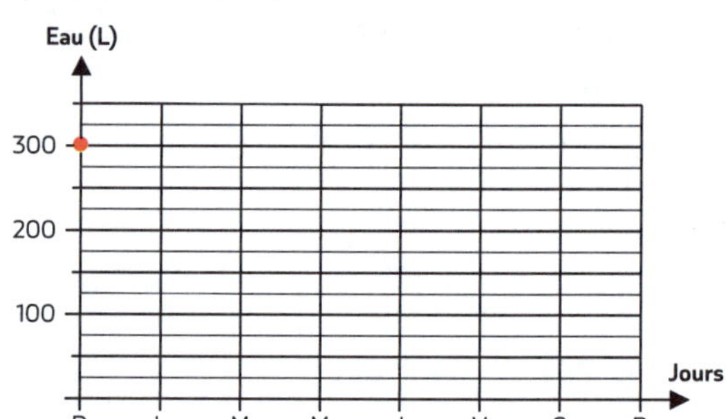

Présenter des données sur un graphique cartésien.

Mesures

15 **Calcule** le périmètre (P), puis l'aire (A) de ces figures.

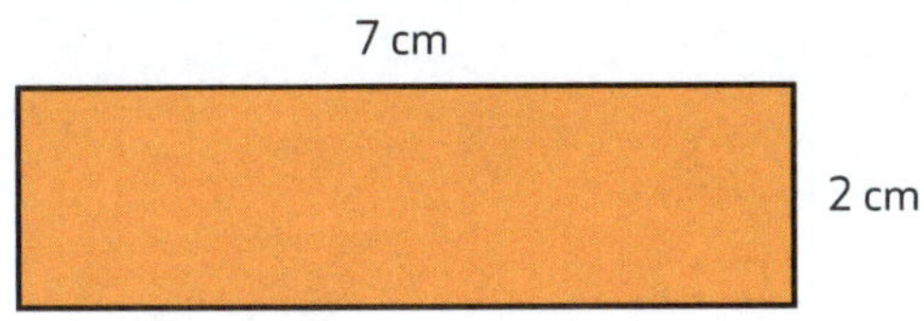

$P_{rectangle}$ = ...

....

$A_{rectangle}$ = ...

....

$P_{carré}$ = ...

....

$A_{carré}$ = ...

....

Calculer le périmètre et l'aire d'un carré, d'un rectangle.

16 **PROBLÈME** **Observe** l'illustration. **Ce camion avec cette remorque peut-il franchir le pont ?**

....

....

Résoudre un problème utilisant des unités de mesure de masse.

17 **PROBLÈME** Pour l'anniversaire de Kenza, sa maman prévoit 3 verres de jus de fruits de 20 cL pour chacun des 15 enfants présents.

Combien de bouteilles de jus de fruits de 1,5 L doit-elle acheter ?

....

....

Résoudre un problème utilisant des unités de mesure de capacité.

18 **PROBLÈME** Hamza veut prendre le bus.

Quelle heure indique la pendule de la gare routière ? ....

À quelle heure partira le prochain bus ? ....

Combien de temps Hamza doit-il attendre ? ....

Résoudre un problème utilisant des unités de mesure de durée.

Géométrie

19 **Relie** chaque solide à son patron.

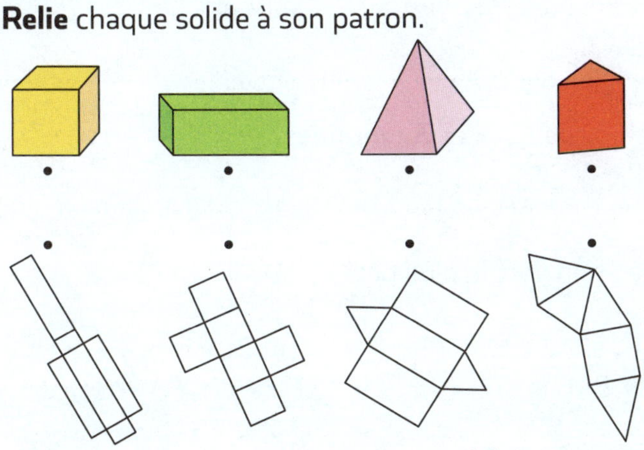

Relier chaque solide à son patron.

20 **Trace** un cercle de centre O et de rayon 2,5 cm.
Trace en vert son rayon, en bleu son diamètre.

Tracer un cercle.

1 Les nombres de 0 à 999 999

Objectifs de l'apprentissage	Nommer, écrire, décomposer, comparer et ranger les nombres de 0 à 999 999. Résoudre des situations-problèmes.
Calcul mental	**Dictée de nombres inférieurs à 100 000.** Dire : « 26 852 » ; l'élève écrit 26 852.

....

Construction du concept

Voici la population urbaine de quelques villes du Maroc en 2019.

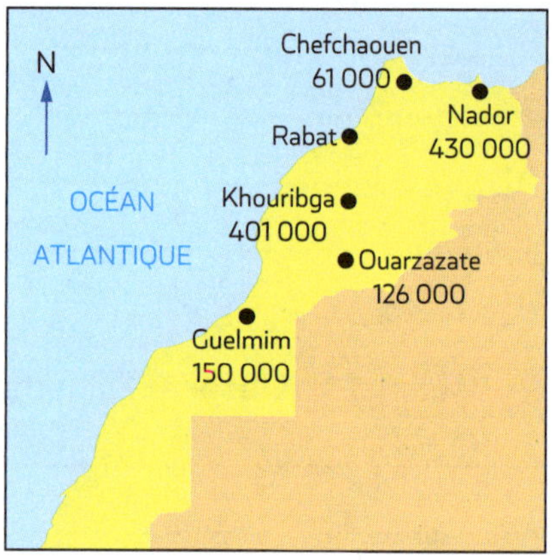

1 **Lis** les nombres d'habitants de Chefchaouen, Ouarzazate et Nador.

2 **Écris** en lettres le nombre d'habitants de Khouribga.

....

3 **Écris** en chiffres la population de la capitale Rabat.

(5 × 100 000) + (5 × 10 000) + (2 × 1 000) = ...

4 **Range** les nombres d'habitants de ces six villes dans l'ordre décroissant.

....

Activités de mathématisation

N'oublie pas l'espace entre la classe des milliers et celle des unités.

5 **Écris** en chiffres.

cent vingt-huit mille cent : ....

cinquante-trois mille cent trois : ....

cent un mille soixante-dix : ....

quatre-vingt mille soixante : ....

6 **Complète** comme dans l'exemple.

103 762	100 000 + 3 000 + 700 + 60 + 2	(1 × 100 000) + (3 × 1 000) + (7 × 100) + (6 × 10) + 2
351 603	....	....
....	80 000 + 5 000 + 400 + 3	....
....	....	(3 × 100 000) + (5 × 1 000) + (7 × 100) + (8 × 10)

7 **Écris** en lettres les nombres imaginés par Samia et Amir.

Mon nombre possède : **2 centaines de mille**, **1 dizaine de mille**, **2 unités de mille** et **1 unité**.

....

Mon nombre possède : **1 centaine de mille**, **2 dizaines de mille** et **3 centaines**.

....

8 **Entoure** en **rouge** le plus grand nombre de chaque nuage et en **vert** le plus petit.

58 647 — 527 143 — 7 912

156 621 — 567 841 — 943 852

492 385 — 498 000 — 489 367

9 **Range** ces nombres dans l'ordre croissant : 897 000 ; 56 000 ; 879 260 ; 879 300 ; 799 050.

....

10 **Entoure** en **violet** le chiffre des centaines de mille, en **rouge** le chiffre des milliers et en **bleu** le chiffre des centaines.

457 123 | 821 457 | 390 800 | 607 021

11 En 2019, la population d'Ifrane était d'environ 89 000 habitants.

Écris ce nombre dans le tableau.

Ajoute 2 centaines de mille et 1 dizaine de mille à ce nombre : tu obtiens la population de la ville de Khemisset.

Écris en chiffres la population de Khemisset.

....

Classe des milliers			Classe des unités		
centaine de mille	dizaine de mille	unité de mille	centaine	dizaine	unité
....	....	....	....	....	....

Évaluation formative

12 **Complète** comme dans l'exemple.

104 500	100 000 + 4 000 + 500	(1 × 100 000) + (4 × 1 000) + (5 × 100)
206 810	....	....
....	700 000 + 50 000 + 70 + 6	....

13 **Entoure** le **plus grand** nombre en **rouge** et le **plus petit** en **bleu**, puis **range** ces nombres dans l'ordre croissant.

560 900 ; 896 000 ; 561 300 ; 399 100 ; 99 999

.... < .... < .... < .... < ....

Consolidation — Remédiation — Approfondissement

14 Pour chacun de ces nombres :
- **entoure** son chiffre des unités de mille ;
- **souligne** son nombre de milliers.

Classe des milliers			Classe des unités		
centaine de mille	dizaine de mille	unité de mille	centaine	dizaine	unité
8	7	0	4	6	3
9	0	1	0	0	0

15 PROBLÈME Soufiane et Aya ont écrit le même nombre de 6 chiffres sur deux étiquettes : sur l'une en chiffres, sur l'autre en lettres. Une partie des étiquettes est effacée.

De quel nombre s'agit-il ? Écris-le en chiffres.

51...

... douze mille six cent trente

Il s'agit du nombre ....

2 Les angles : mesure et construction

Objectifs de l'apprentissage	Découvrir le rapporteur et l'utiliser pour mesurer des angles en degrés. Tracer des angles avec le rapporteur.
Calcul mental	**Dictée de nombres inférieurs à 1 000 000.** Dire : « 246 852 » ; l'élève écrit 246 852.

....

Construction du concept

1 Observe.

Le rapporteur sert à mesurer des angles. Il est gradué de 0° à 180° (degrés). La graduation « extérieure », se lit de gauche à droite. La graduation « intérieure », se lit de droite à gauche.

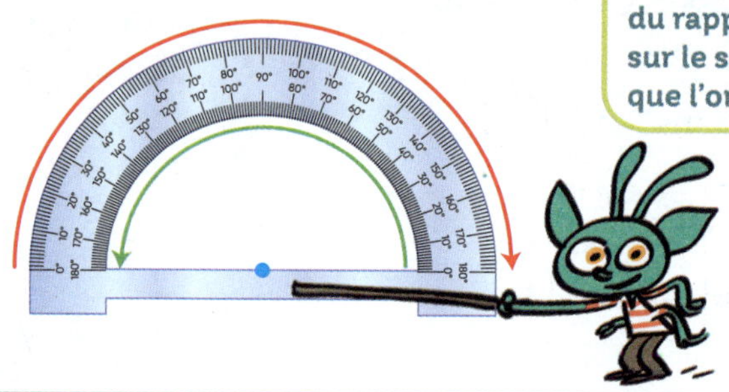

Le point bleu est le centre du rapporteur. Il se place sur le sommet de l'angle que l'on veut mesurer.

2 Mesure ces angles.

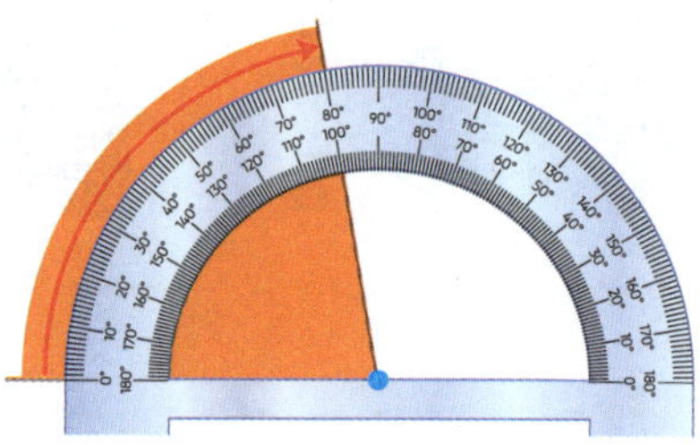

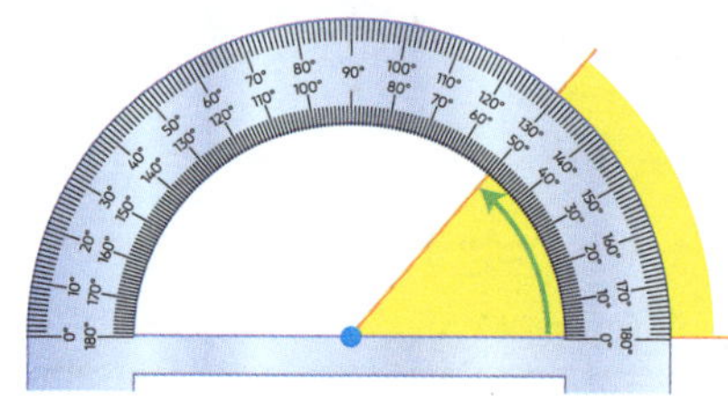

L'angle orange mesure .... degrés. *L'angle jaune mesure .... degrés.*

3 Observe comment tracer un angle de 30° à l'aide de ton rapporteur.

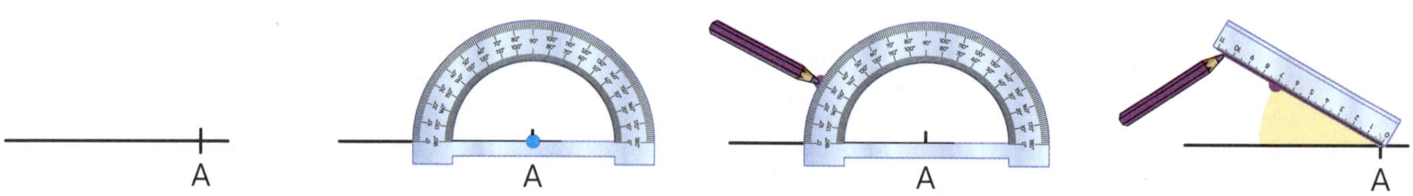

Trace un angle de 70° et de sommet B ; un angle de 45° et de sommet C.

B

C

Activités de mathématisation

4 Entoure en rouge les angles droits, en bleu les angles aigus, en vert l'angle obtus et en orange l'angle plat.

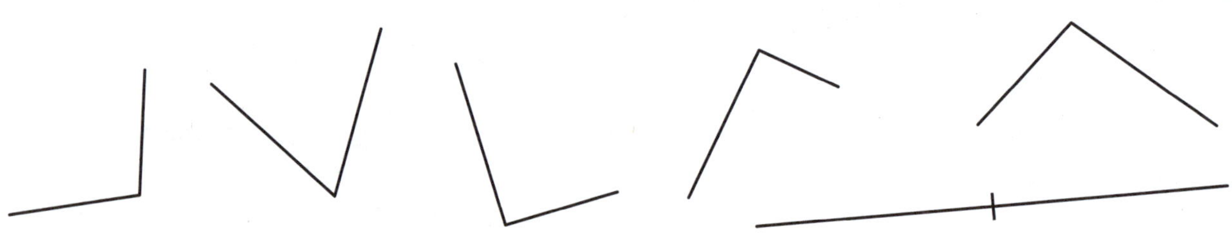

5 **Utilise** ton rapporteur pour mesurer ces angles.
Entoure en **rouge** l'angle droit.

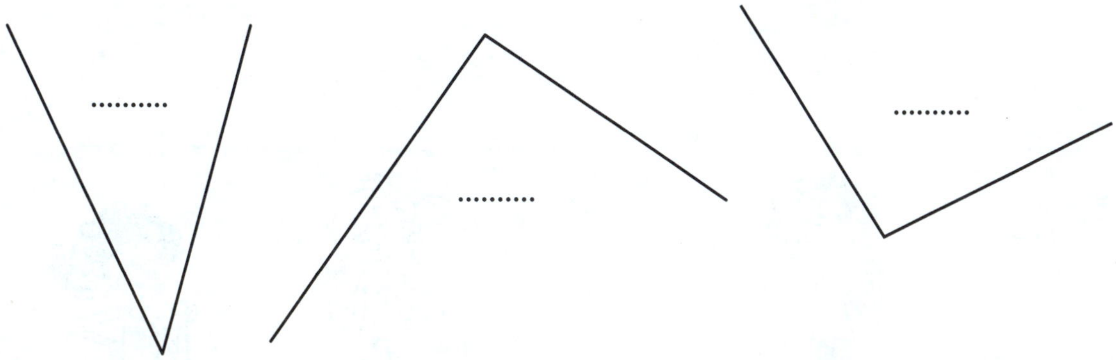

6 **Utilise** ton rapporteur pour tracer ces angles :
– un angle $\hat{A}$ de 80° ;
– un angle $\hat{B}$ de 100°.

Évaluation formative

7 **Donne** la mesure de cet angle en degrés.

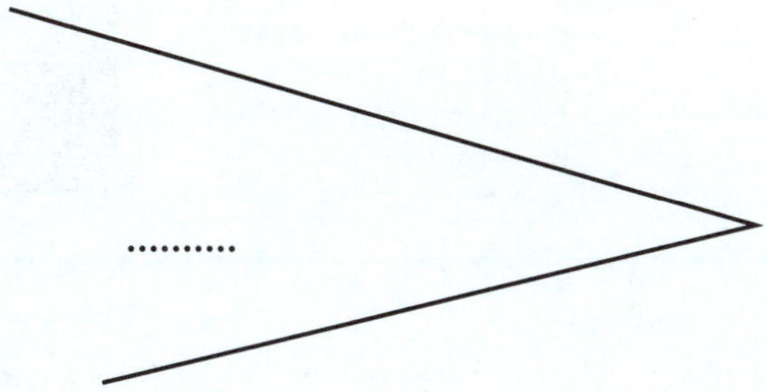

8 **Trace** un angle $\hat{O}$ de 115°.

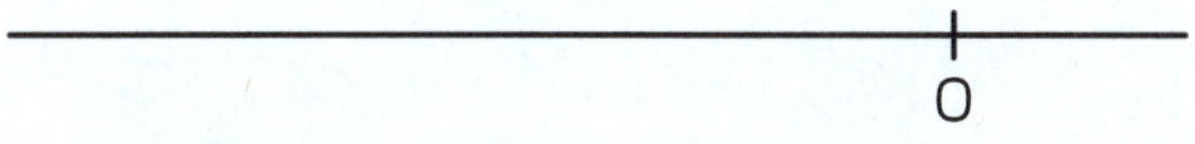

Consolidation

Remédiation

9 **Mesure** : – l'angle rose : .... ;
– l'angle vert : ....

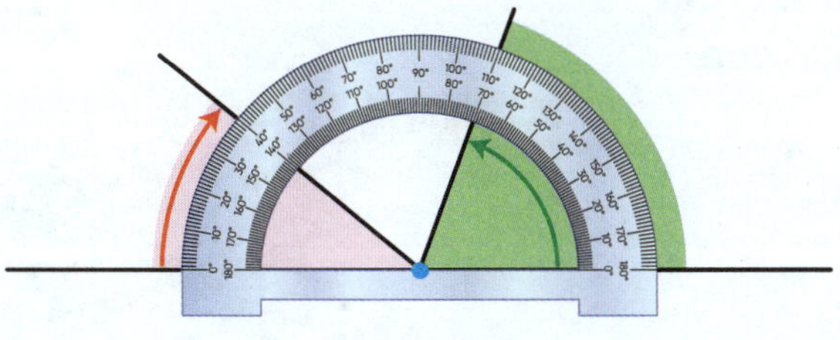

Approfondissement

10 **Mesure** cet angle bleu.

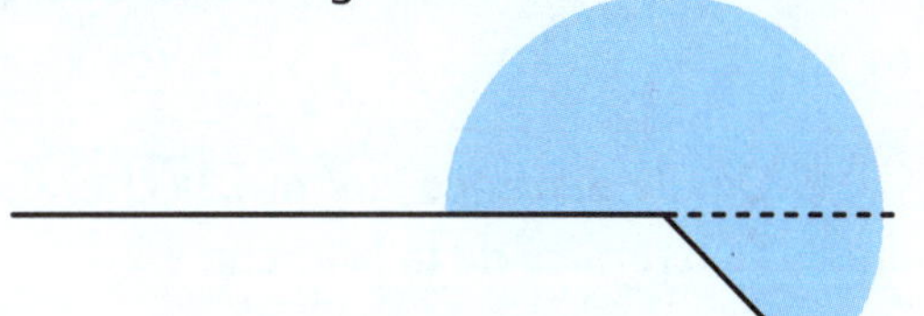

La mesure de l'angle bleu est de ....

3 Mesure des longueurs, des masses et des aires

Objectifs de l'apprentissage	Convertir, comparer et ranger les unités de mesure de longueur, de masse et d'aire. Résoudre des situations-problèmes en utilisant ces unités de mesure.
Calcul mental	**Le nombre de...** Écrire : Nombre de milliers dans 84 279 ; l'élève écrit 84.

Construction du concept

1 Pour se rendre à l'école, les enfants utilisent leur vélo.

Convertis ces distances en m.

0,9 km = ... m   10,5 hm = ... m   2,08 km = ... m

Range ces distances dans l'ordre décroissant.

....

Qui a parcouru : – la plus longue distance ? ....

– plus de 1 km et moins de 2 km ? ....

2 Le vélo de Sara pèse 12 kg 4 hg ; celui de Luna 100 hg et celui d'Ali 13 500 g.
Convertis ces masses en kg.

12 kg 4 hg = ... kg   100 hg = ... kg   13 500 g = ... kg

Qui possède le vélo le moins lourd ? ....

3 **Calcule** l'aire de la porte en dm². ....

Convertis cette aire en cm². ....

Calcule l'aire de la vitre en cm². ....

Calcule l'aire de la partie peinte en **rouge**.

....

....

....

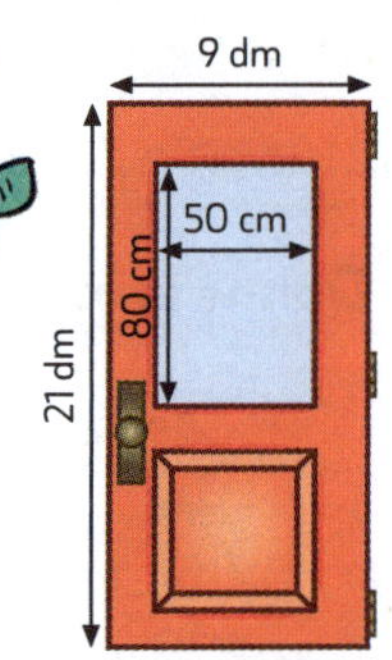

Activités de mathématisation

4 **Convertis** en g. **Entoure** la plus petite masse.

5,7 kg = ... g   9,75 hg = ... g   2,4 dag = ... g

5 **Convertis** en km. **Entoure** la plus grande longueur.

2 km 8 hm = ... km   6 987 m = ... km   63 hm = ... km

6 **PROBLÈME** **Quelle distance, en mm, la chenille doit-elle parcourir pour atteindre l'extrémité de la branche ?**

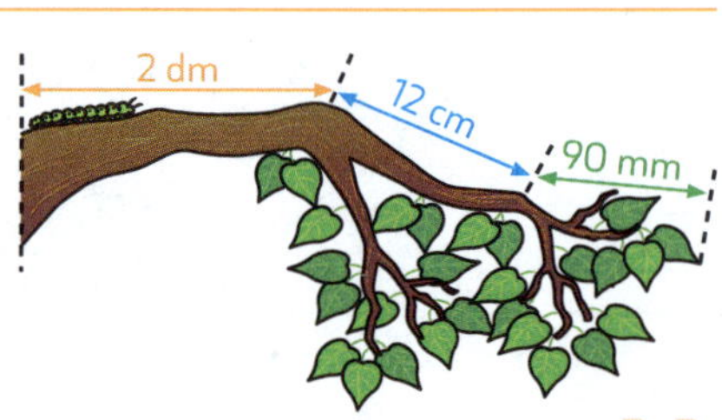

....

La chenille a-t-elle parcouru 0,5 m ? ☐ oui ☐ non

7 **Colorie** la plus grande aire de chaque étiquette.

10 m^2	1 dam^2

1 km^2	10 hm^2

1 m^2	100 cm^2

1 000 m^2	1 dam^2

8 **Range** ces aires dans l'ordre croissant.

47 dam^2 ; 1 km^2 ; 9 hm^2 ; 200 m^2

....

....

....

9 PROBLÈME La tour Hassan à Rabat possède une base carrée.
Son côté mesure 16 m.

Quelle est, en m^2, l'aire de la base de cette tour ?

....

Encadre cette aire entre les deux centaines les plus proches.

....

Évaluation formative

10 **Complète**.

8,2 km = ... m

567 m = ... hm

11 **Complète**.

74 hm^2 = ... dam^2

135 m^2 = ... dam^2

12 **Range** ces masses dans l'ordre croissant : 12 dag ; 1 500 g ; 6 kg ; 18 hg.

....

13 PROBLÈME Le grand stade de Casablanca mesure environ 1 hm de longueur et 7 dam de largeur.

Quelle est, en m^2, l'aire de ce stade ?

....

Le stade Ibn-Batouta de Tanger a une aire de 90 dam^2.

Quel stade a la plus grande superficie ?

....

....

Consolidation — Remédiation — Approfondissement

14 **Utilise** ce tableau pour convertir ces mesures.

km	hm	dam	m	dm	cm	mm
kg	hg	dag	g	dg	cg	mg
......	......	......	......	......	......	......
......	......	......	......	......	......	......
......	......	......	......	......	......	......
......	......	......	......	......	......	......

- 3,5 hm = ... m
- 470 dam = ... km
- 78,2 dag = ... g
- 50 hg = ... kg

15 Les jardins exotiques de Bouknadel à Salé ont une superficie de 4 hm^2 environ.

Coche le bon encadrement de cette superficie.

- ☐ 1 km^2 < 4 hm^2 < 10 km^2
- ☐ 10 000 m^2 < 4 hm^2 < 100 000 m^2

4 Les millions et les milliards

Objectifs de l'apprentissage	Nommer, écrire, décomposer, comparer, encadrer et ranger les nombres jusqu'aux milliards. Résoudre des situations-problèmes.
Calcul mental	**Addition ou soustraction des dizaines, des centaines.** Écrire 781 + 500 ; l'élève écrit 1 281.

....

Construction du concept

1 Voici la distance au Soleil de plusieurs planètes.

Distances des planètes au Soleil en km	
Uranus	2 875 000 000
Neptune	4 504 000 000
Jupiter	778 300 000
Terre	149 600 000

Classe des milliards			Classe des millions			Classe des milliers			Classe des unités		
c	d	u	c	d	u	c	d	u	c	d	u
......	......	......	......	......	......	......	......	......	......	......	......
......	......	......	......	......	......	......	......	......	......	......	......
......	......	......	......	......	......	......	......	......	......	......	......
......	......	......	......	......	......	......	......	......	......	......	......

Place, dans le tableau de numération, les distances de ces planètes au Soleil, puis **lis** ces nombres.
Écris en lettres la distance de Neptune au Soleil.

....

Saturne est une planète située à environ un milliard quatre cent vingt-sept millions de kilomètres du Soleil.
Écris ce nombre en chiffres. ....

2 **Encadre** la distance de la Terre au Soleil entre :
– deux centaines de millions qui se suivent : .... < 149 600 000 < ....
– deux dizaines de millions qui se suivent : .... < 149 600 000 < ....

3 **Cherche** dans le tableau la planète la plus éloignée du Soleil. ....
Range ces planètes de la plus lointaine à la plus proche du Soleil.

....

Activités de mathématisation

4 **Écris** ces nombres en chiffres.
cinq cents millions cent mille huit : ....
deux milliards cent millions : ....
sept cents milliards treize millions cinq mille : ....

5 **Complète.**

300 900 000	(...... × 1 000 000) + (...... × 100 000)	...... millions .... mille
....	(5 × 1 000 000 000)	....
....	....	3 milliards 2 millions

6 **Colorie** le plus grand nombre de chaque étiquette.

1 730 677 536	904 925 034

47 916 509 721	47 909 064 987

7 **Encadre** :

– entre deux milliards qui se suivent : .... < 5 155 234 000 < ....

– entre deux millions qui se suivent : .... < 768 492 000 < ....

8 **Range** ces nombres dans l'ordre croissant.

1 800 000 000 ; 18 000 000 000 ; 180 000 000 000 ; 180 000 000

....

9 PROBLÈME Voici la population des cinq continents.

Europe	604 000 000 hab.
Afrique	1 154 000 000 hab.
Asie	4 474 000 000 hab.
Océanie	37 000 000 hab.
Amérique	969 000 000 hab.

Quels continents ont une population supérieure à 1 milliard d'habitants ? ....

....

Quel est le continent le plus peuplé ? ....

Range ces continents dans l'ordre croissant de leur population.

....

....

Évaluation formative

10 **Écris** ce nombre en lettres.

80 000 206 : ....

11 **Écris** ce nombre en chiffres.

quinze milliards trois cent douze millions : ....

12 **Entoure** le **plus grand** nombre en **rouge** et le **plus petit** en **bleu**.

74 789 000 000 ; 999 500 000 ; 74 099 999 000 ; 9 560 000 000

Range ces quatre nombres dans l'ordre croissant.

....

Consolidation

Remédiation

13 **Écris** ces nombres en séparant les classes, puis **complète**.

- 2345907200 : ....

.... milliards .... millions .... mille .... unités

- 86120704305 : ....

.... milliards .... millions .... mille .... unités

Approfondissement

14 **Entoure** l'homme préhistorique qui vivait il y a environ 1 milliard de jours.

Homo habilis
Il y a 3 millions d'années.

Homo sapiens
Il y a 100 000 ans.

B1 Bilan de l'unité 1

Évaluation sommative

1 **Écris** ces nombres en chiffres.

cinq cent mille huit cent huit : ....

deux millions cent mille : ....

quatorze milliards treize millions cinq mille : ....

Écrire des nombres de 0 à 999 999 999 999.

2 **Complète** comme dans l'exemple.

800 700 000	(........... × 1 000 000) + (........... × 1 000)	.... millions .... mille
....	(18 × 1 000 000 000)	....
....	....	3 milliards 900 mille

Décomposer des nombres de 0 à 999 999 999 999.

3 **Range** ces nombres dans l'ordre croissant.

5 300 000 000 ; 53 000 000 ; 530 000 000 000 ; 530 000 000

....

Ranger des nombres de 0 à 999 999 999 999.

4 **Encadre** entre :

– deux centaines de millions qui se suivent : .... < 315 700 000 < ....

– deux dizaines de millions qui se suivent : .... < 119 300 000 < ....

Encadrer des nombres.

5 **Mesure** cet angle en degrés.

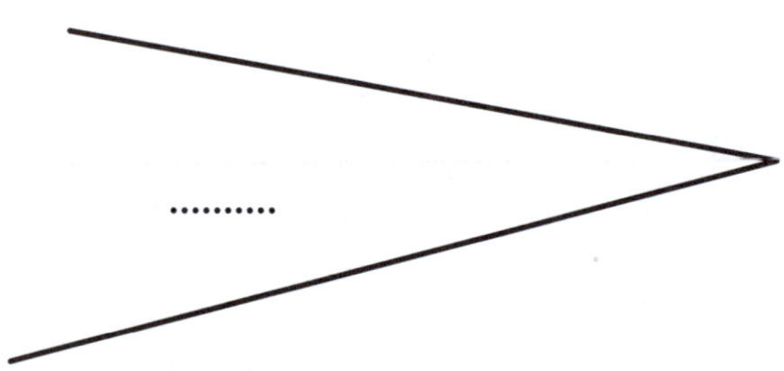

....

Mesurer un angle.

6 **Trace** un angle de sommet O de 140°.

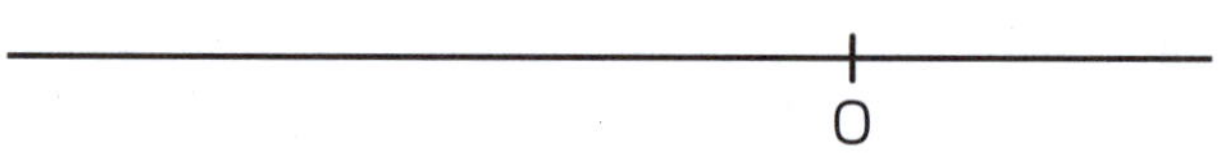

Construire un angle.

7 **Complète**.

10,2 km = ... m

793 m = ... hm

69 hm² = ... dam²

520 m² = ... dam²

Convertir des unités de longueurs et d'aires.

8 **Range** ces masses dans l'ordre croissant : 14 hg ; 2 500 g ; 2 kg ; 180 dag.

....

Ranger des mesures de masses.

Consolidation

1 **Entoure** le **plus grand** nombre en **rouge** et le **plus petit** en **bleu**. **Range** ces nombres dans l'ordre croissant.

480 900 ; 3 896 000 ; 2 000 561 300 ; 999 100 ; 99 999

.... < .... < .... < .... < ....

Comparer et ranger des nombres.

2 **Utilise** ce tableau pour convertir ces mesures.

km	hm	dam	m	dm	cm	mm
kg	hg	dag	g	dg	cg	mg
......	......	......	......	......	......	......
......	......	......	......	......	......	......
......	......	......	......	......	......	......
......	......	......	......	......	......	......

- 13,5 hm = ... m
- 470 hm = ... km
- 108 dag = ... g
- 500 hg = ... kg

Convertir des mesures.

3 **Observe** comment mesurer un angle de sommet A de 50°.
Trace, à l'aide de ton rapporteur, un angle de sommet B de 80°.

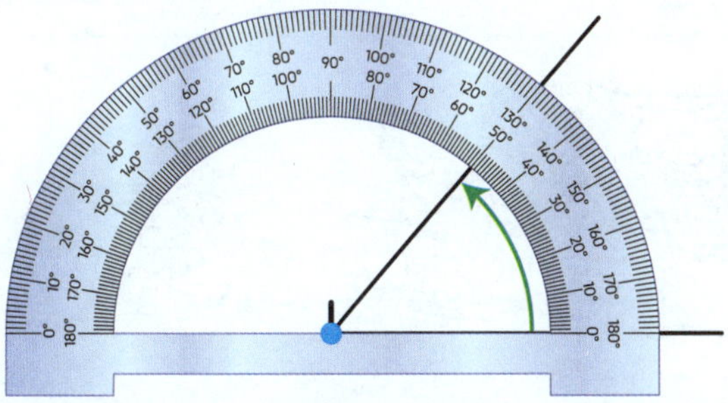

A

Utiliser le rapporteur pour mesurer et construire un angle en degrés.

Synthèse

Écrire les nombres en chiffres
trois millions cent vingt mille six cent soixante-dix → 3 120 670
deux milliards cent trente millions → 2 130 000 000

Comparer deux nombres
- Le plus grand nombre est celui qui possède le plus de chiffres : 167 000 800 > 89 900 000
- Si les nombres ont le même nombre de chiffres, on compare les chiffres à partir de la gauche :
807 900 000 < 808 900 000

Nombre de ... 12 934 560 = 12 millions 934 mille 560 → nombre de millions : 12
Chiffre des ... 12 934 560 → chiffre des unités de millions : 2

Tracer un angle de sommet A de 30° à l'aide du rapporteur.

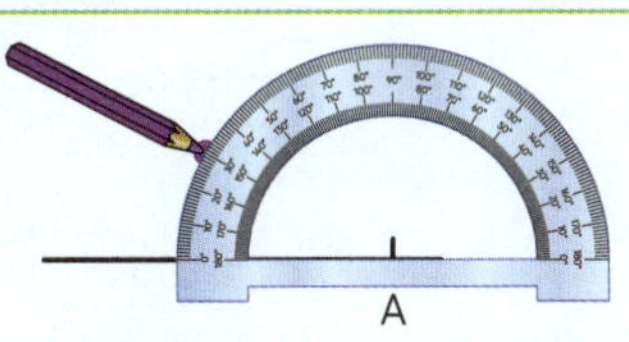

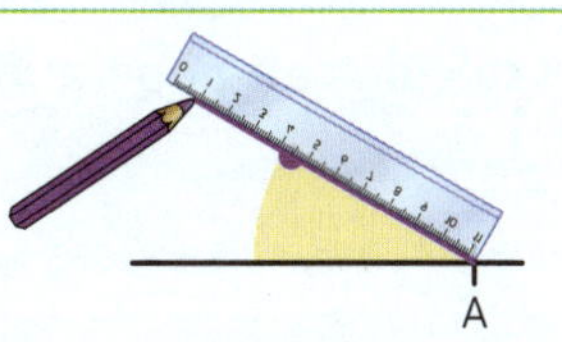

Convertir les mesures d'aires

On passe d'une unité d'aire à sa voisine en multipliant ou divisant par 100.

- 3,5 hm^2 = 350 dam^2
- 200 dm^2 = 2 m^2
- 4,7 km^2 = 470 hm^2
- 500 hm^2 = 5 km^2

5 Addition et soustraction posées des nombres entiers

Objectifs de l'apprentissage	Calculer la somme et la différence des nombres entiers sur la base de la technique usuelle. Arrondir le résultat de ces opérations. Résoudre une situation-problème.
Calcul mental	**Dictée de nombres supérieurs à 1 000 000.** Dire : « 950 800 700 » ; l'élève écrit 950 800 700.

....

Construction du concept

1 Tous les ans, le Maroc accueille de très nombreux touristes étrangers, dont 3 435 000 Français, 589 000 Belges et 2 115 000 Espagnols.

Quel est le nombre total de touristes provenant de ces trois pays ?

Estime le nombre total de touristes, puis **entoure** la réponse correcte.

Le nombre de touristes est d'environ : 600 000 / 60 000 000 / 6 000 000.

Pose et **calcule** l'opération pour connaître le nombre exact de touristes.
Rédige une phrase réponse.

....

....

2 Les recettes touristiques du Maroc représentaient en :
– 2018 : 73 040 000 000 Dh ;
– 2019 : 78 600 000 000 Dh.

Quel est l'écart entre ces deux recettes ?

Estime cet écart, puis **entoure** la réponse correcte.

L'écart entre ces deux recettes est d'environ : 150 000 000 000 / 5 000 000 / 5 000 000 000 Dh.

Pose et **calcule** l'opération pour calculer l'écart exact.
Rédige une phrase réponse.

....

....

Activités de mathématisation

3 **Entoure** la réponse correcte.
Le résultat de : 15 690 500 000 + 16 530 000 000 est d'environ : 32 millions / 32 milliards.

Pose et **calcule** cette opération.

4 **Entoure** la réponse correcte.
Le résultat de : 26 129 000 – 20 040 960 est d'environ : 6 millions / 46 millions.

Pose et **calcule** cette opération.

5 **Pose** et **calcule**.

36 845 000 + 765 200 + 9 641 000

581 694 630 – 29 700 812

6 PROBLÈME Voici les chiffres de la production de fruits du Maroc :
agrumes : 2 200 000 t ; dattes : 108 000 000 t ; olives : 1 570 000 t ; amandes : 101 000 t.

Quelle est la masse totale de la production de fruits ?

Écris une phrase réponse.

....

....

Évaluation formative

7 **Pose** et **calcule**.

589 321 000 + 59 693 000

8 PROBLÈME En 2009, le Maroc exportait 401 000 t d'oranges. Actuellement, il en exporte 149 000 t.

Quelle est la différence entre ces exportations ?

....

Consolidation — Remédiation — Approfondissement

9 **Effectue** l'opération, en associant les nombres qui font 10.

Pour calculer 6 + 3 + 4,
je calcule 6 + 4 + 3
car 6 + 4 = 10 !

									①
	5	6	8	7	1	4	8	7	(6)
+		4	3	5	9	3	2	6	3
+	1	2	2	3	4	7	7	3	(4)
	....	....	....	....	....	....	....	....	3

10 **Corrige** les erreurs.

	1	5	6	1	9	5	9
–	1	4	9	8	5	6	1
	0	1	3	7	4	1	8

6 Les triangles : classement et construction

Objectifs de l'apprentissage	Classer les triangles et les construire connaissant certains éléments de base. Reconnaître la somme des angles dans un triangle. Reconnaître les hauteurs d'un triangle et les tracer.
Calcul mental	**Tables de multiplication.** Dire : « 6 × 9 » ; l'élève écrit 54.

....

Construction du concept

1 **Complète** le tableau en t'aidant des figures ci-dessous.

Triangles particuliers	Nombre de côtés de même longueur	Possède un angle droit	Nombre d'axes de symétrie	Figures
Triangle isocèle	....	....	....	....
Triangle équilatéral	....	....	....	....
Triangle rectangle	....	....	....	....
Triangle rectangle et isocèle	....	....	....	....

2 **Observe**, puis **trace** le triangle ABC : AB = 7 cm, l'angle $\widehat{A}$ = 30° et BC = 4 cm.

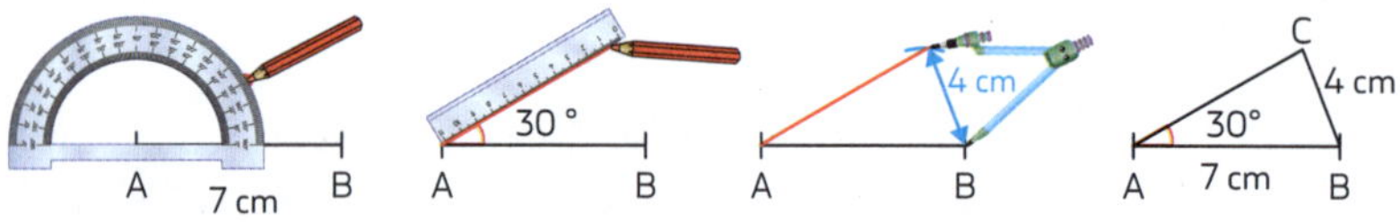

Le point C est à l'intersection du trait rouge et de l'arc de cercle.

3 **Observe**, puis **trace** la hauteur CH du triangle ABC ci-dessus.

La hauteur CH est issue du sommet C.
Elle est perpendiculaire au côté opposé AB.

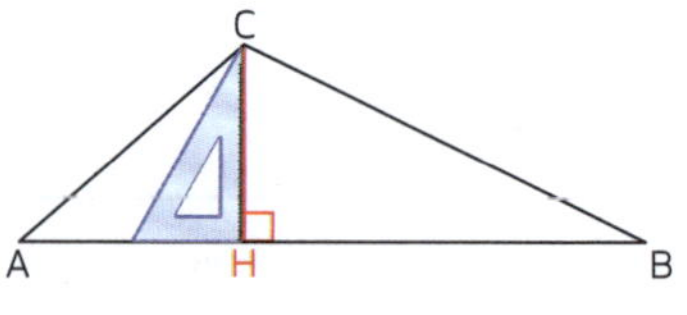

Activités de mathématisation

4 **Utilise** les instruments de géométrie pour identifier chacun de ces triangles. **Nomme**-les.

Un triangle qui ne possède aucune propriété particulière est un triangle quelconque.

....

5 **Trace** ces deux triangles.

Triangle ABC :
AB = 6 cm ; $\widehat{A}$ = 35° ; $\widehat{B}$ = 70°

Triangle MNP :
PM = PN = 5 cm ; $\widehat{P}$ = 30°

6 **Trace** ces triangles avec la règle et le compas, puis **trace** la hauteur issue de A.

AB = 6 cm ; AC = 5,5 cm ; BC = 8 cm

A
×

AB = 5 cm ; AC = 5 cm ; BC = 5 cm

A
×

Évaluation formative

7 **Identifie** ces triangles.

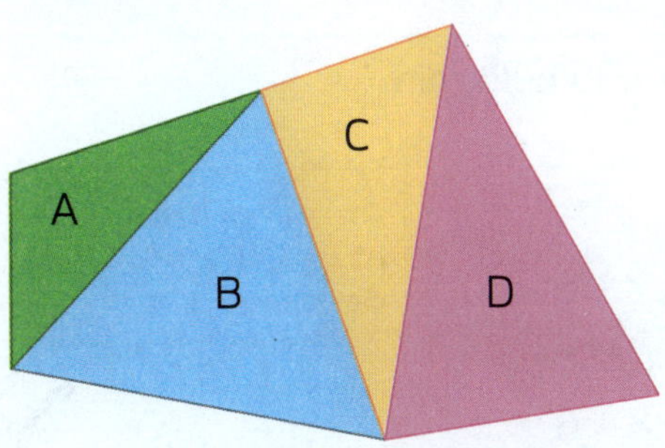

triangle rectangle : ...... ;
triangle isocèle : ...... ;
triangle quelconque : ......
triangle équilatéral : ......

8 **Trace** le triangle RST : RS = 6 cm ; RT = 5,5 cm ; ST = 4 cm, puis **trace** ses trois hauteurs.

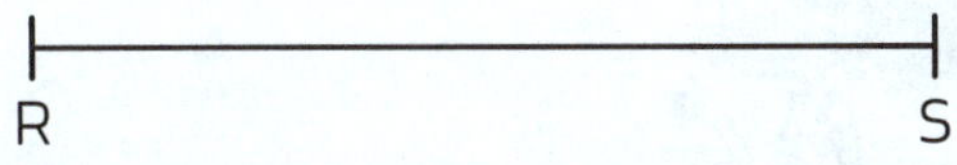

Consolidation — Remédiation — Approfondissement

9 Parmi les triangles AEB, AFB, AGB et ABK, quel triangle est équilatéral ?

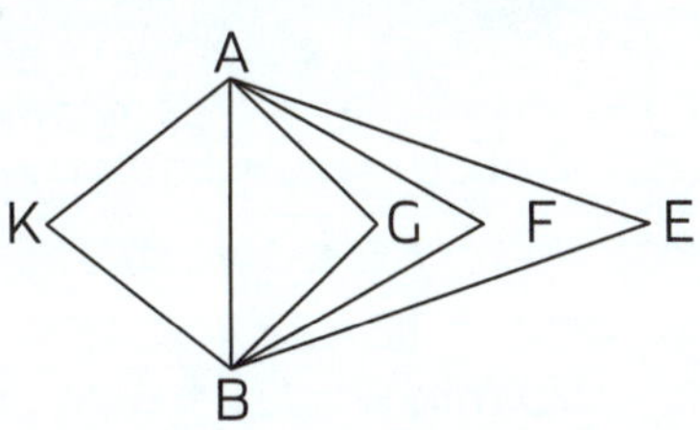

....

10 **Trace** trois triangles différents sur ton cahier d'essai.
Mesure leurs trois angles avec ton rapporteur.
Fais la somme des trois angles de chaque triangle.

Que constates-tu ?

....

....

7 Mesure du temps : conversion et opérations

Objectifs de l'apprentissage	Convertir les unités usuelles de mesure du temps. Additionner et soustraire des durées. Résoudre des situations-problèmes.
Calcul mental	**Compléments à la dizaine supérieure, à la centaine supérieure.** Écrire : 286 + ... = 300 ; l'élève écrit 14.

....

Construction du concept

1 L'équipe de football de Rachid rencontre l'équipe de Youssef.
Le match se déroule en deux périodes de 35 min, avec une pause de 10 min.

Calcule, en min, la durée totale du match.

....

Convertis le résultat en h et min.

....

N'oublie pas : 1 h = 60 min.

2 Kenza a regardé deux émissions à la télévision :
la première durait 23 min 56 s et la seconde 12 min 48 s.

Combien de temps a-t-elle regardé la télévision ?

Observe et **complète** son calcul.

J'additionne les secondes et les minutes séparément. Ensuite je convertis...

	2	3	min	5	6	s
+	1	2	min	4	8	s
	3	5	min	10	4	s
	+ 1 min ←			– 60 s		
	.....	.....	min	.....	.....	s

104 s, c'est plus qu'une minute. On retire 60 s de la colonne des secondes et on ajoute 1 min dans la colonne des minutes.

Rédige une phrase réponse. ....

3 Samia arrive à la gare à 14 h 32 min. Le prochain train part à 15 h 26 min.
Calcule son temps d'attente.

Observe et **complète** son calcul.

J'écris la plus grande durée en haut, puis je soustrais les minutes et les heures séparément.

	1	5	h	2	6	min
	– 1 h ←			+ 60 min		
	1	4	h	8	6	min
–	1	4	h	3	2	min
	.....	.....	h	.....	.....	min

On ne peut pas retirer 32 min à 26 min. On retire 1 h dans la colonne des heures et on ajoute 60 min dans la colonne des minutes.

Rédige une phrase réponse. ....

Activités de mathématisation

4 Convertis.

5 h 20 min = ... min 3 min 40 s = ... s 2 j 12 h = ... h

5 Convertis.

100 min = ... h .... min 200 s = ... min .... s 75 min = ... h .... min

6 **Calcule.**

	1	3	min	2	5	s
+	2	7	min	4	9	s
	.....	.....	min	.....	.....	s
	.....	.....	min	.....	.....	s

	3	h	1	9	min
	2	h	5	6	min
+			3	8	min
	.....	h	.....	.....	min
	.....	h	.....	.....	min

	6	h	1	2	min
	.....	h	.....	.....	min
–	4	h	3	7	min
	.....	h	.....	.....	min

7 **Pose** et **calcule.**

17 min 54 s + 24 min 23 s

	min		s
+	min		s
	min		s
	min		s

4 h 48 min + 3 h 17 min

+	

18 h 16 min – 13 h 39 min

	h		min
	h		min
–	h		min
	h		min

8 PROBLÈME

Un avion part de Rabat le matin à 13 h 50 min et arrive le soir à 21 h 30 min à Abou Dhabi.

Quelle est la durée du vol ?

....

....

Évaluation formative

9 **Convertis.**

150 min = ... h .... min

4 min 30 s = ... s

95 s = ... min .... s

10 **Pose** et **calcule.**

42 min 39 s + 15 min 48 s

1 h 28 min + 2 h 47 min

36 min 17 s – 24 min 35 s

Consolidation

11 Un match de tennis débute à 14 h 30 min et se termine à 16 h 15 min.

Quelle est la durée du match ?

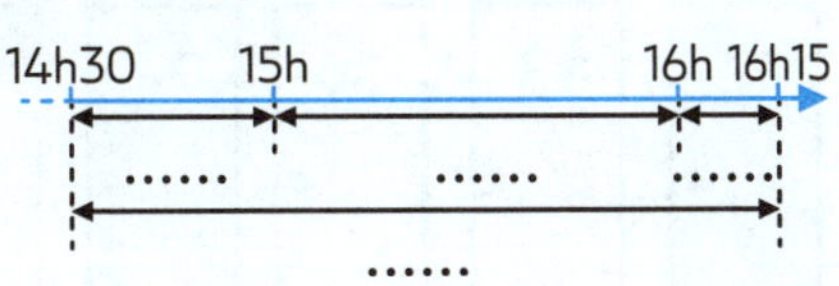

....

Remédiation

Approfondissement

12 PROBLÈME Louane part le 7 juillet à 22 h 30 de Rabat. Son voyage dure 3 h 45.

Quel jour et à quelle heure arrive-t-elle ?

....

....

....

8 Les multiples et les diviseurs d'un nombre

....	....	....	....	....

Objectifs de l'apprentissage	Reconnaître les multiples et les diviseurs d'un nombre entier à partir d'une table de multiplication. Reconnaître le plus petit multiple commun et le plus grand diviseur commun. Utiliser les critères de divisibilité par 2, 3, 4, 5, 6 et 9 dans des situations-problèmes.
Calcul mental	**Tables de multiplication.** Dire : « 3 × 9 » ; l'élève écrit 27.

Construction du concept

1 **Utilise** les tables ci-contre pour trouver :

– trois multiples de 4 supérieurs à 20 :

.... ;

– trois multiples de 6 supérieurs à 50 :

.... ;

– le plus petit multiple commun à 4 et à 6 :

....

Entoure ce dernier dans les tables ci-contre.

Table de 4	Multiples de 4
1 × 4	4
2 × 4	8
3 × 4	12
4 × 4	16
5 × 4	20
6 × 4	24
...	...

Table de 6	Multiples de 6
1 × 6	6
2 × 6	12
3 × 6	18
4 × 6	24
5 × 6	30
6 × 6	36
...	...

2 **Youssef veut savoir si 124 est divisible par 4.**
Décompose 124 en une somme de multiples de 4 ou **utilise** le conseil de Mathix.

Un nombre entier est divisible par 4 si le nombre formé par ses deux derniers chiffres est divisible par 4.

124 = ...

124 est-il divisible par 4 ? ☐ oui ☐ non

3 Rachida cherche le plus grand diviseur commun à 24 et 32.

Cherche tous les diviseurs de 24 → 1, ..., ..., ..., ..., ..., ... et 24.

Cherche tous les diviseurs de 32 → 1, ..., ..., ..., ... et 32.

Trouve le plus grand diviseur commun à 24 et à 32 : ....

2 est un diviseur de 14 car 14 : 2 = 7.

Un nombre entier est divisible par 2 s'il est pair.

Activités de mathématisation

4 **Écris** les six premiers multiples de 8 → ....

Écris les six premiers multiples de 10 → ....

Trouve le plus petit multiple commun à 8 et à 10 : ....

5 **Entoure** les multiples de 6.

18 ; 32 ; 45 ; 378 ; 496

Un nombre est divisible par 6 s'il est divisible par 2 et divisible par 3.

6 PROBLÈME Ania a une clé qui ouvre les portes des chambres d'hôtel portant des numéros multiples à la fois de 4 et de 8.
Entoure les portes qu'elle peut ouvrir.

7 **Coche.**

Les nombres se terminant par 0, 2, 4, 6 ou 8 sont pairs.	☐ Vrai	☐ Faux
Les nombres se terminant par 1, 3, 5, 7 ou 9 sont pairs.	☐ Vrai	☐ Faux
Les nombres pairs sont divisibles par 2.	☐ Vrai	☐ Faux
Les nombres impairs sont divisibles par 2.	☐ Vrai	☐ Faux

8 **Observe** les règles de divisibilité de la synthèse p. 39.
Entoure en orange les nombres divisibles par 3, en rose les nombres divisibles par 4, en bleu les nombres divisibles par 5 et en violet les nombres divisibles par 9.

16 45 80 234 400 111 405

Certains nombres peuvent être entourés plusieurs fois.

9 **Écris** les diviseurs de 18 ➔ ....

Écris les diviseurs de 15 ➔ ....

Trouve le plus grand diviseur commun à 18 et à 15 : ....

10 PROBLÈME **Le jeu de Juniper Green**

Barre le plus possible de nombres sur la grille selon la règle suivante :
– choisis un premier nombre pair ;
– choisis ensuite un nombre parmi les multiples ou les diviseurs du nombre choisi au coup précédent.
Le jeu est terminé quand tu ne peux plus barrer de nombres.

Écris les nombres au fur et à mesure que tu les barres.

....

1	2	3	4	5
6	7	8	9	10
11	12	13	14	15
16	17	18	19	20
21	22	23	24	25

Évaluation formative

11 **Écris** les cinq premiers multiples de 3 ➔ ....

Écris les cinq premiers multiples de 4 ➔ ....

Trouve le plus petit multiple commun à ces deux nombres : ....

12 **Écris** les diviseurs de 40 ➔ ....

Écris les diviseurs de 36 ➔ ....

Trouve le plus grand diviseur commun à ces deux nombres : ....

Consolidation

Remédiation

13 **Cherche** les diviseurs de :

- 16 ➔ 1 × .... ; 2 × .... ; 4 × ....
- 25 ➔ 1 × .... ; 5 × ....
- 30 ➔ 1 × .... ; 2 × .... ; 3 × .... ; 5 × ....

Approfondissement

14 PROBLÈME La fleuriste a 48 jonquilles et 84 tulipes. Elle veut composer le plus grand nombre de bouquets identiques en utilisant toutes les fleurs.
Combien de bouquets va-t-elle composer ?

....

....

B2 Bilan de l'unité 2

Évaluation sommative

1 **Pose** et **calcule**.

153 230 000 + 893 000 + 19 720 000

863 280 100 – 56 357 500

Calculer la somme et la différence des nombres entiers.

2 **Trace** un triangle ABC équilatéral de 5 cm de côté.
Trace ses trois hauteurs.

A ×

3 **Trace** un triangle ABC : AB = 5 cm ;
angle $\widehat{A}$ = 60° et AC = 4 cm.

A

Construire des triangles connaissant certains éléments de base. Tracer des hauteurs.

4 **Convertis**.

4 h 15 min = ... min

2 min 30 s = ... s

80 min = ... h .... min

130 s = ... min .... s

29 h = ... j .... h

Convertir les unités de temps.

5 **Pose** et **calcule**.

13 min 26 s + 36 min 44 s

	min	s
+	min	s
	min	s
	min	s

24 h 08 min – 5 h 42 min

	h	min
	h	min
–	h	min
	h	min

Additionner et soustraire des durées.

6 **Écris** les diviseurs de 24 : ....

Écris les diviseurs de 16 : ....

Entoure les diviseurs communs à 24 et à 16.

Quel est le plus grand diviseur commun à 24 et à 16 ? ....

Reconnaître les diviseurs d'un nombre et le plus grand diviseur commun.

Consolidation

1 **Écris** les sept premiers multiples de 4 : .... ; .... ; .... ; .... ; .... ; .... ; ....

Écris les sept premiers multiples de 6 : .... ; .... ; .... ; .... ; .... ; .... ; ....

Entoure les multiples communs à 4 et à 6.

Quel est le plus petit multiple commun de 4 et de 6 ? ....

Reconnaître les multiples d'un nombre et le plus petit multiple commun.

2 **Calcule** 1 h 40 min + 2 h 30 min.

- **Ajoute** séparément les heures et les minutes.

1 h 40 min + 2 h 30 min = ... h 70 min

- **Convertis**.

70 min = ... h .... min

- **Termine** le calcul.

1 h 40 min + 2 h 30 min = ... h .... min

Additionner et convertir les unités de temps.

3 **Termine** la construction du triangle ABC sachant que AC = BC = 4 cm.

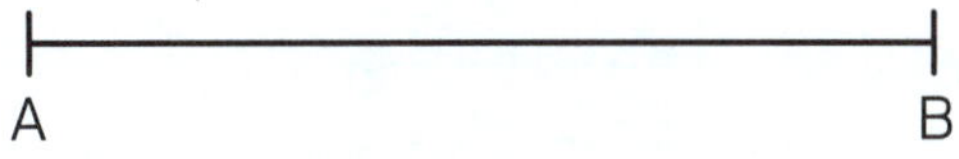

Construire des triangles.

Synthèse

Additionner ou soustraire des grands nombres

- **Pour additionner des grands nombres**, on aligne les unités sous les unités, les dizaines sous les dizaines... et on n'oublie pas les retenues dans le calcul.
- **Pour soustraire deux grands nombres**, on écrit le plus grand en premier, puis on aligne les unités sous les unités, les dizaines sous les dizaines... sans oublier les retenues.

Multiples et diviseurs

De l'égalité 20 = 4 × 5, on peut déduire que :

- 20 est un multiple de 4, donc 4 est un diviseur de 20 ;
- 20 est un multiple de 5, donc 5 est un diviseur de 20.

Construire un triangle

- Si on connaît les longueurs des côtés, on utilise une règle graduée et un compas.

AB = 6 cm ; AC = 4 cm ; BC = 5 cm.

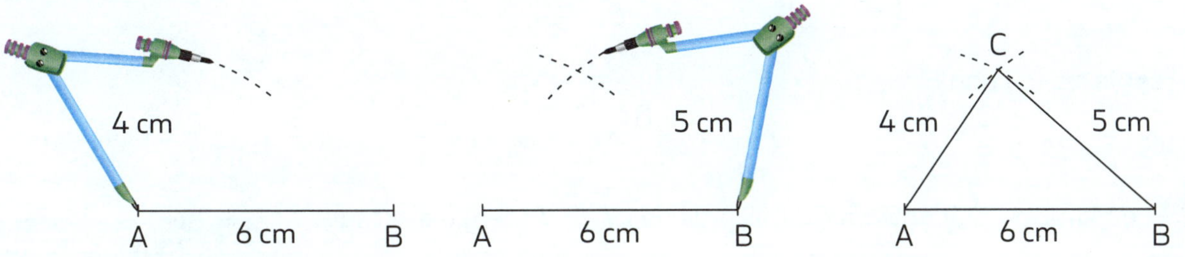

- Si on connaît un angle et un côté de cet angle, il faut aussi utiliser un rapporteur.

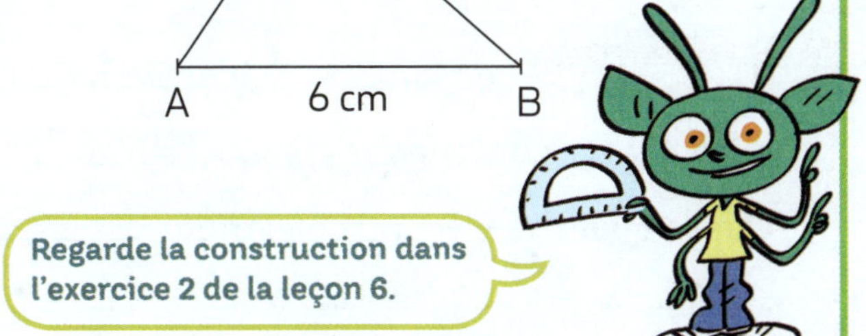

9 Les nombres fractionnaires : multiplication et division

Objectifs de l'apprentissage	Représenter le produit et la division d'une fraction et d'un entier ou de deux fractions. Reconnaître l'inverse d'un nombre. Résoudre des situations-problèmes.
Calcul mental	**Multiplications à trou.** Écrire : 42 = ... × 6 ; l'élève écrit 7.

....

Construction du concept

1 **Observe**, puis **complète**.

$3 = \frac{3}{1}$ $8 = \frac{8}{\dots\dots}$ $12 = \frac{\dots\dots}{\dots\dots}$ $127 = \frac{\dots\dots}{\dots\dots}$

L'inverse de $\frac{3}{1}$ est $\frac{1}{3}$; l'inverse de $\frac{8}{5}$ est $\frac{5}{8}$.

Complète le tableau.

Nombre	4	17	$\frac{1}{5}$	$\frac{2}{3}$	$\frac{21}{4}$
Inverse du nombre	$\frac{\dots\dots}{\dots\dots}$	$\frac{\dots\dots}{\dots\dots}$	$\frac{\dots\dots}{\dots\dots}$	$\frac{\dots\dots}{\dots\dots}$	$\frac{\dots\dots}{\dots\dots}$

2 Aya multiplie $\frac{5}{2}$ par 3.

Observe, puis **complète**. $\frac{5}{2} \times 3$ c'est $\frac{5}{2} \times \frac{3}{1} = \frac{5 \times \dots\dots}{2 \times \dots\dots} = \frac{\dots\dots}{\dots\dots}$

Calcule. $\frac{2}{5} \times \frac{10}{6} =$ ....

3 Amza divise $\frac{4}{9}$ par 5.

Observe, puis **complète**. $\frac{4}{9} \div 5$ c'est $\frac{4}{9} \div \frac{5}{1} = \frac{4}{9} \times \frac{1}{5} = \frac{4 \times \dots\dots}{9 \times \dots\dots} = \frac{\dots\dots}{\dots\dots}$

Calcule. $\frac{2}{3} \div \frac{5}{4} = \frac{\dots\dots}{\dots\dots} \times \frac{\dots\dots}{\dots\dots} =$ ....

Activités de mathématisation

4 **Complète** le tableau.

Nombre	6	$\frac{1}{4}$	$\frac{13}{4}$	......	......
Inverse du nombre	......	......	......	$\frac{8}{3}$	9

5 **Calcule**.

$\frac{6}{7} \times 4 =$ ....

$\frac{9}{2} \times \frac{1}{4} =$ ....

$\frac{3}{4} \times \frac{3}{5} =$ ....

$5 \times \frac{9}{7} =$ ....

6 **Calcule**, puis **réduis** les fractions.

$\frac{4}{3} \times \frac{6}{5} =$ .... $=$ ....

$\frac{2}{5} \times \frac{9}{4} =$ .... $=$ ....

$\frac{8}{7} \times \frac{3}{4} =$ .... $=$ ....

$\frac{5}{2} \times \frac{4}{10} =$ .... $=$ ....

7 **PROBLÈME** Le Maroc produit environ 40 milliards de kW/h d'énergie électrique dont $\frac{1}{5}$ est issu d'énergies renouvelables.

Quelle quantité d'énergie électrique est issue d'énergies renouvelables ?

....

8 **Colorie** de la même couleur les étiquettes équivalentes comme dans l'exemple.

$\frac{2}{3} \times \frac{5}{4}$; $\frac{7}{4} \times \frac{1}{5}$; $\frac{1}{5} \times \frac{4}{7}$; $\frac{2}{3} \div \frac{5}{4}$; $\frac{1}{5} \div \frac{7}{4}$; $\frac{2}{3} \times \frac{4}{5}$; $\frac{2}{3} \div \frac{4}{5}$; $\frac{7}{4} \div 5$

9 **Complète.**

$\frac{3}{5} \div 4$ c'est $\frac{3}{5} \div \frac{4}{1} = \frac{3}{5} \times \frac{\ldots\ldots}{\ldots\ldots} = \frac{3 \times \ldots\ldots}{5 \times \ldots\ldots} = \frac{\ldots\ldots}{\ldots\ldots}$

$\frac{6}{11} \div \frac{7}{5} = \frac{6}{11} \times \frac{\ldots\ldots}{\ldots\ldots} = \frac{6 \times \ldots\ldots}{11 \times \ldots\ldots} = \frac{\ldots\ldots}{\ldots\ldots}$

10 **Calcule**, puis **réduis** les fractions.

$\frac{6}{7} \div 3 =$ ....

$\frac{3}{4} \div \frac{9}{5} =$ ....

$\frac{9}{2} \div \frac{1}{4} =$ ....

11 PROBLÈME $\frac{1}{4}$ des livres de la bibliothèque de la classe sont des romans.

Samia a compté 48 romans.

Combien de livres y a-t-il en tout dans cette bibliothèque ?

....

....

Évaluation formative

12 **Entoure** les propositions justes.

L'inverse de 4 est $\frac{1}{4}$.

L'inverse de $\frac{3}{7}$ est $\frac{3}{7}$.

L'inverse de $\frac{1}{3}$ est 3.

13 **Calcule.**

$\frac{2}{5} \times 4 =$ ....

$\frac{8}{3} \times \frac{4}{7} =$ ....

$\frac{3}{4} \div 5 =$ ....

$\frac{4}{9} \div \frac{3}{2} =$ ....

14 PROBLÈME Younes a lu les $\frac{2}{3}$ de son livre qui compte 150 pages.

Combien de pages a-t-il lues ?

....

....

Consolidation — Remédiation — Approfondissement

15 **Calcule**, puis **vérifie** à l'aide du schéma.

$\frac{2}{3} \times \frac{3}{5} =$ ....

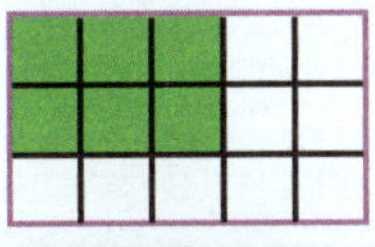

$\frac{\ldots\ldots}{\ldots\ldots}$

$\frac{1}{2} \times \frac{4}{5} =$ ....

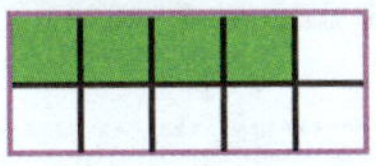

$\frac{\ldots\ldots}{\ldots\ldots}$

16 Quelle fraction, divisée par $\frac{3}{5}$, donne 1 ?
Entoure-la.

$\frac{5}{3}$; $\frac{2}{5}$; $\frac{3}{5}$; $\frac{5}{2}$

10 Organisation et traitement des données (1)

Objectifs de l'apprentissage	Organiser et présenter des données dans un tableau ou dans un graphique à colonnes ou à bâtons ou un graphique à lignes brisées.
Calcul mental	**Fraction irréductible.** Écrire : $\frac{12}{18}$; l'élève écrit $\frac{2}{3}$.

....

Construction du concept

1 Casablanca est une ville portuaire située sur la côte Atlantique.
Les nombres de jours de pluie dans cette ville sont les suivants :
printemps : 7 ; hiver : 19 ; automne : 17 ; été : 0.
Les températures moyennes maximales sont de 18 °C en hiver, 26 °C en été, 22 °C au printemps et 21 °C en automne.

Organise toutes ces données dans le tableau ci-contre.

Saison	Printemps	Été	Automne	Hiver
Température moyenne maximale (°C)	22	....	....	....
Nombre de jours de pluie	7	....	....	....

2 **Complète** le graphique à bâtons qui indique le nombre de jours de pluie.

3 **Complète** le graphique à lignes brisées qui indique la température.

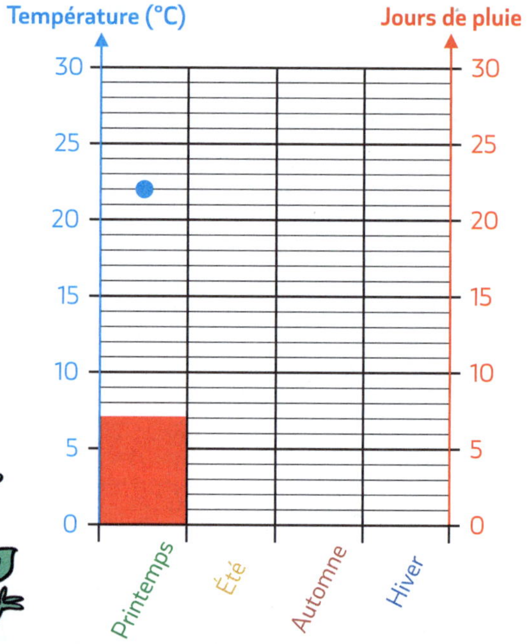

4 Quelle est la saison :
– la moins pluvieuse ? ....
– la plus froide ? ....
– la plus chaude ? ....

Activités de mathématisation

5 Voici la production de dattes en milliers de tonnes de différents pays :
Égypte : 1 500 ; Iran : 1 900 ; Algérie : 850 ; Irak : 680 ; Maroc : 130 ; Pakistan : 530.
Organise ces données, dans l'ordre décroissant, dans le tableau ci-dessous.

Pays	....	....	....	....	....	....
Production (milliers de tonnes)	....	....	....	....	....	....

Quels pays produisent plus de 1 million de tonnes de dattes ? ....

Quel type de graphique est le plus approprié pour représenter ces productions ?

....

6 Ce tableau indique la longueur en km de quelques fleuves d'Afrique.

Nom	Niger	Nil	Zambèze	Congo
Longueur (km)	4 200	6 600	2 600	4 400

Trace le graphique en bâtons correspondant à la longueur de ces fleuves.

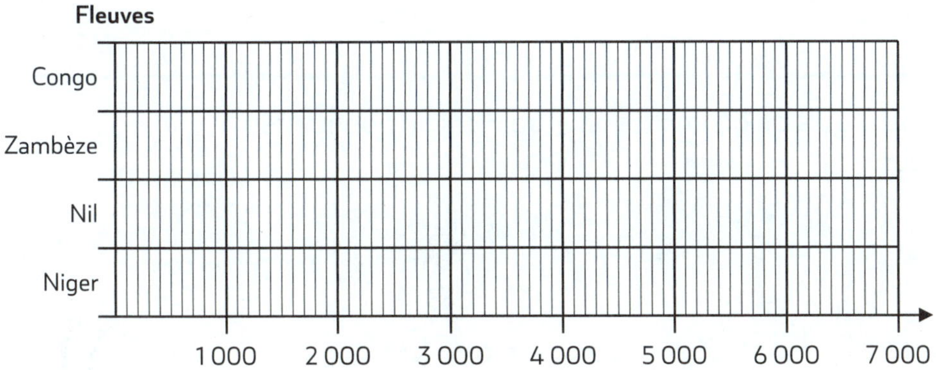

Évaluation formative

7 Au Maroc, les **exportations** en phosphate ont été de :
- 11 millions de tonnes en 2017 et en 2018 ;
- 8 millions de tonnes en 2016 ;
- 9 millions de tonnes en 2014 et en 2015.

Place ces données dans le tableau ci-dessous.

Année	2014	2015	2016	2017	2018
Production (millions de tonnes)	27	26	27	33	34
Exportations (millions de tonnes)	....	....	....	....	....

Trace le graphique à lignes brisées qui montre l'évolution de la **production** de phosphate du Maroc entre 2014 et 2018.

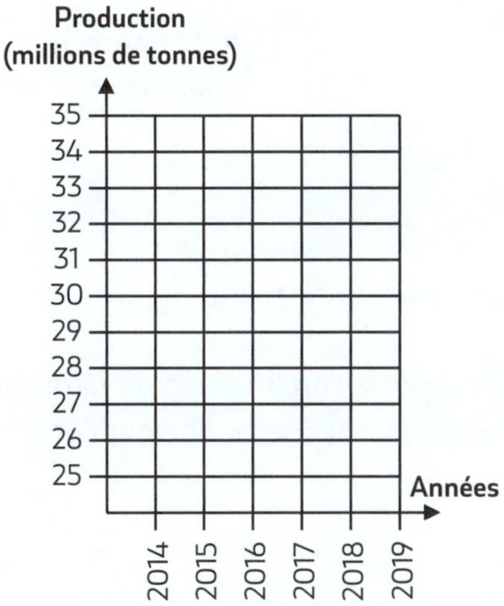

Consolidation

Remédiation

8 Voici la production de blé du Maroc en millions de tonnes :
2014 → 5 ;
2015 → 3 ;
2016 → 2 ;
2017 → 7 ;
2018 → 7.

Trace le graphique à lignes brisées correspondant à cette production.

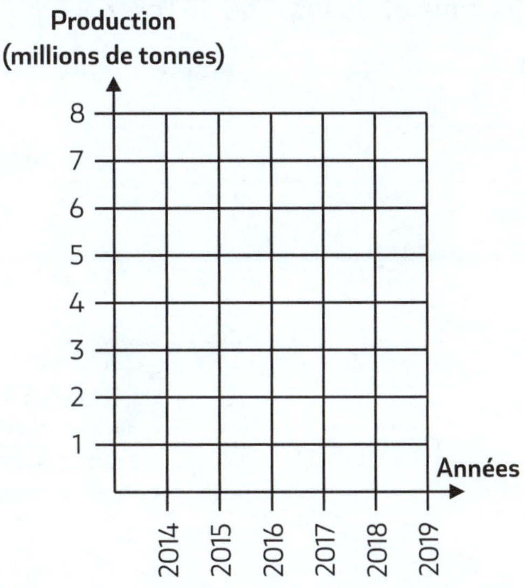

Approfondissement

9 Voici l'altitude du sommet le plus élevé de chaque continent :
Afrique : 5 892 m ;
Amériques : 6 959 m ;
Asie : 8 848 m ;
Europe : 5 642 m ;
Océanie : 4 884 m.

Si tu devais représenter ces altitudes sur ton cahier, combien de mètres pourrait représenter 1 carreau ?

Trace ce graphique à bâtons sur ton cahier.

11 Le losange, le parallélogramme et le trapèze : caractéristiques et périmètre

Objectifs de l'apprentissage	Reconnaître les caractéristiques du losange, du parallélogramme et du trapèze et les construire. Déterminer leur périmètre.
Calcul mental	**Quotient d'une division par 10, par 100.** Dire : « Quel est le quotient de 5 200 divisé par 10 ? » ; l'élève écrit 520.

....

Construction du concept

1 **Observe** ces quadrilatères. **Utilise** les outils de géométrie pour trouver leurs propriétés. **Marque** les côtés de même longueur.

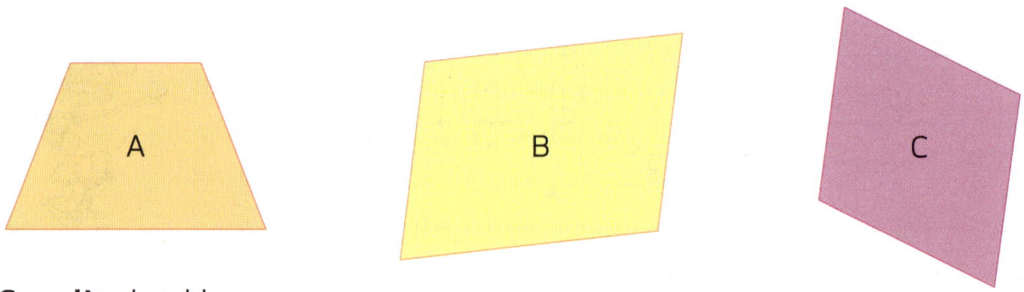

Complète le tableau.

	Côtés opposés parallèles	Côtés opposés de même longueur	4 côtés de même longueur	Nom du quadrilatère
Figure A	....	....	....	....
Figure B	....	....	....	....
Figure C	....	....	....	....

2 **Observe** la construction du parallélogramme.
Adapte cette méthode pour construire le losange ABCD.

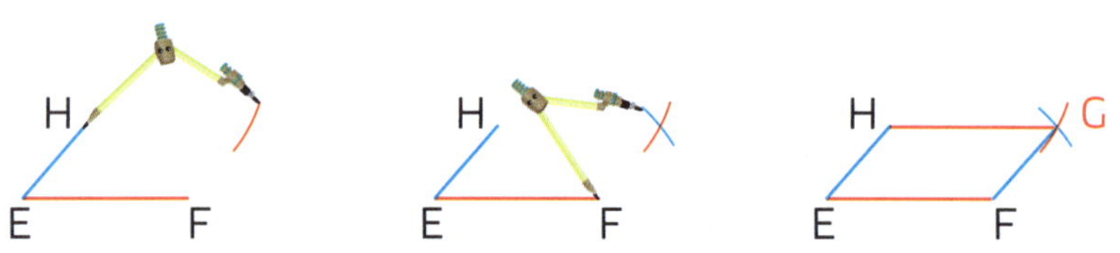

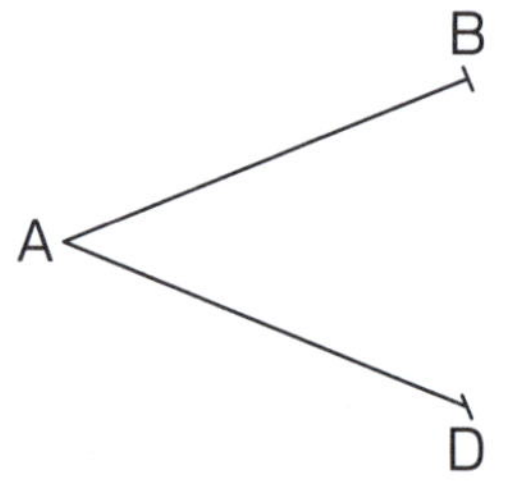

3 **Calcule** le périmètre du trapèze, du parallélogramme et du losange de l'exercice 1.

P (trapèze) = ...

P (parallélogramme) = ...

P (losange) = ...

Activités de mathématisation

4 **Écris** le nom de chaque figure.

5 **Termine** la construction de ce parallélogramme.

6 **Trace** un trapèze ABCD avec :
- $\widehat{A} = 50°$; $\widehat{D} = 50°$;
- AB = CD = 3 cm.

7 PROBLÈME Un baromètre est fixé sur un cadre en forme de losange.
Un côté de ce cadre mesure 35 cm.
Quel est le périmètre de ce cadre ?

....

....

Évaluation formative

8 **Marque** sur chaque figure les côtés de même longueur, puis **relie**-la à son nom.

Trapèze • Losange • Parallélogramme •

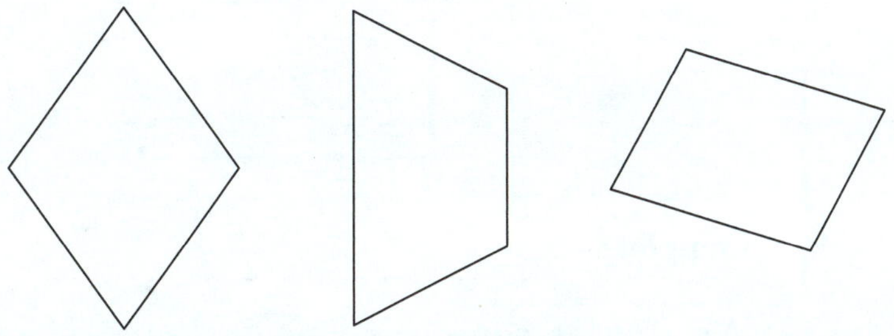

9 **Termine** la construction de ce losange.

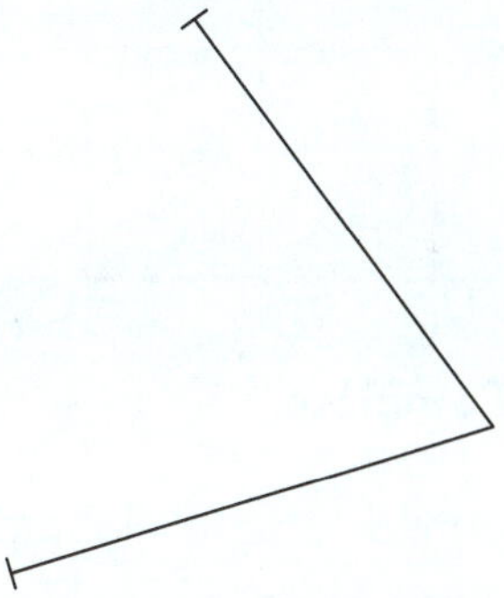

Consolidation

Remédiation

10 **Observe** cette figure, puis **coche**.

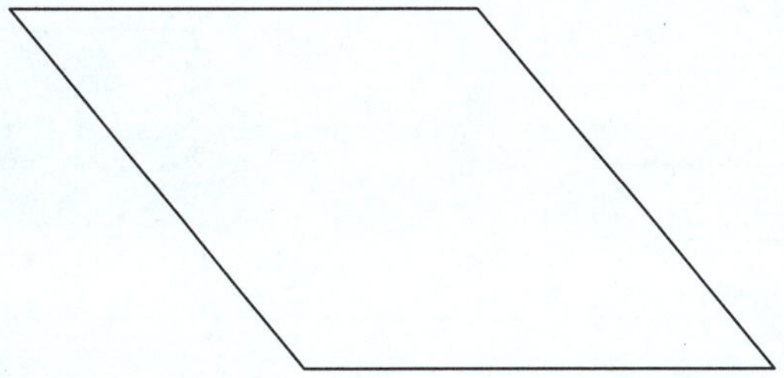

Cette figure possède :
- 4 côtés de même longueur ; ▢ Oui ▢ Non
- des côtés opposés parallèles. ▢ Oui ▢ Non

Cette figure est-elle un losange ? ▢ Oui ▢ Non

Approfondissement

11 **Relie** les formules du périmètre aux figures correspondantes.

P = c × 4 •

P = (L + l) × 2 •

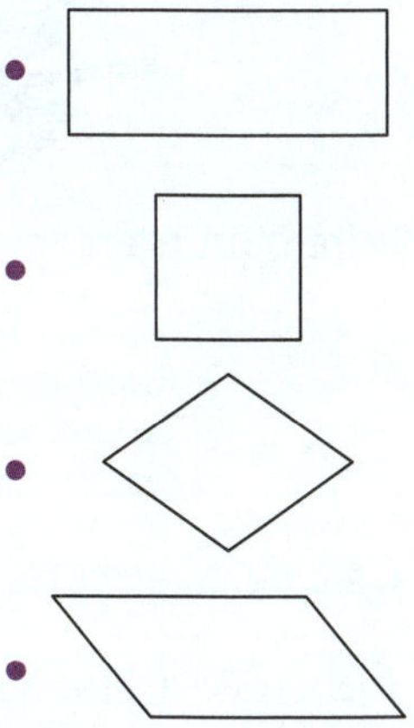

12 Mesure des aires des polygones usuels

Objectifs de l'apprentissage	Calculer l'aire des polygones usuels (triangle, parallélogramme, losange et trapèze). Résoudre des situations-problèmes.
Calcul mental	**Reconnaissance d'un entier écrit sous forme de fraction.** Écrire $\frac{8}{2}$; l'élève écrit 4.

Construction du concept

1 Chaque carreau représente 1 cm². **Trouve** l'aire du rectangle DEBC.

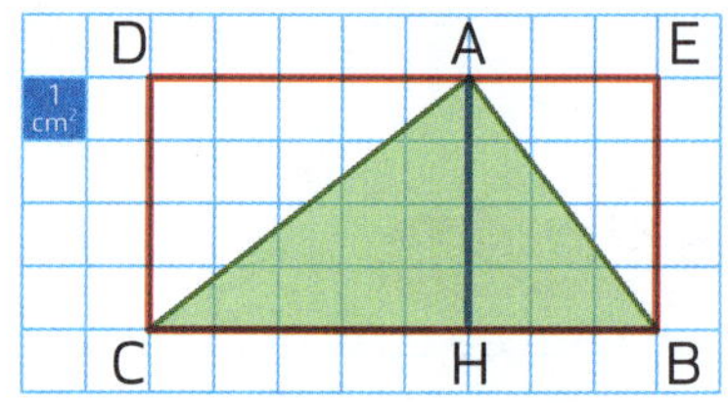

....

À l'oral, **compare** les aires des triangles AHC et ACD, puis celles des triangles AEB et ABH.

Compare l'aire du triangle vert ABC à celle du rectangle DEBC.

....

Trouve l'aire du triangle ABC. ....

Déduis-en la règle de calcul de l'aire d'un triangle.

Aire du triangle = $\frac{(\text{base} \times \ldots\ldots\ldots\ldots)}{2}$

Calcule, avec cette règle, l'aire du triangle ABC = $\frac{(\ldots\ldots \text{ cm} \times \ldots\ldots \text{ cm})}{2}$ = ... cm²

2 **Compare** l'aire du rectangle et du parallélogramme. Qu'en déduis-tu ?

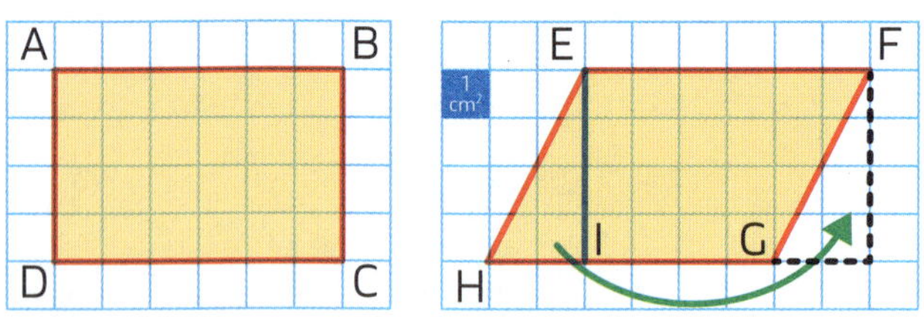

Complète.

Aire d'un parallélogramme = base × ....

Calcule, avec cette règle, l'aire du parallélogramme EFGH.

Aire de EFGH = ... cm × .... cm = ... cm²

3 **Déduis** la règle de calcul de l'aire d'un losange d'après celle du parallélogramme.

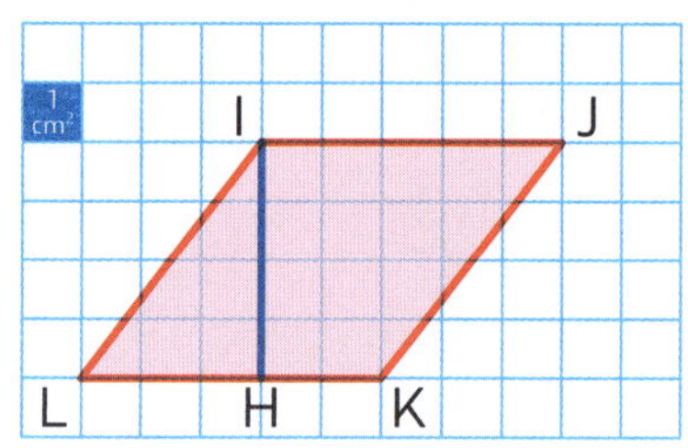

Complète.

Aire d'un losange = base × ....

Calcule, avec cette règle, l'aire du losange IJKL.

Aire de IJKL = ... cm × .... cm = ... cm²

4 **Complète**.

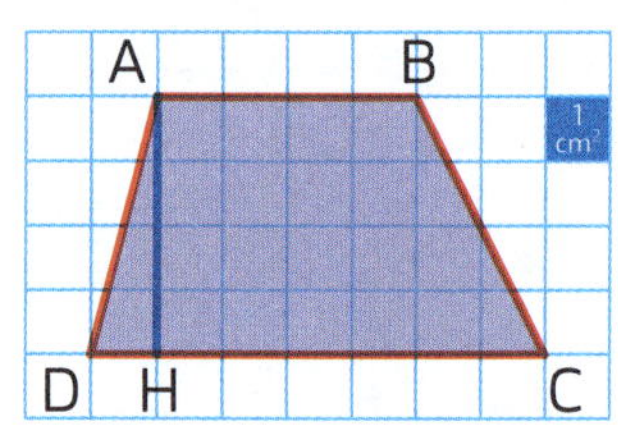

Aire d'un trapèze = $\frac{(\text{grande base} + \text{petite base}) \times \ldots\ldots\ldots\ldots}{2}$

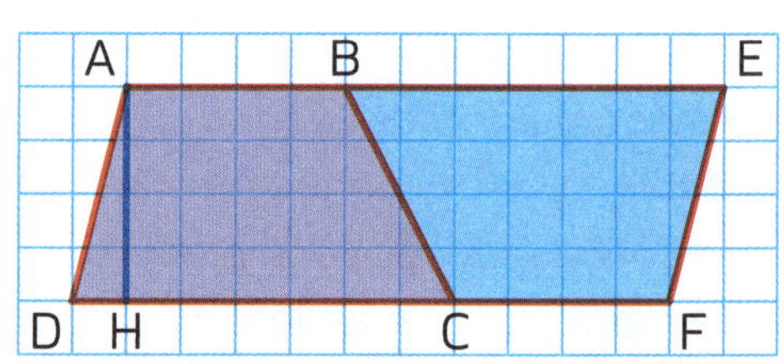

Calcule, avec cette règle, l'aire du trapère ABCD.

Aire de ABCD = $\frac{(\ldots\ldots \text{ cm} + \ldots\ldots \text{ cm}) \times \ldots\ldots \text{ cm}}{2}$ = ... cm²

Activités de mathématisation

5 **Calcule** l'aire de ce triangle.

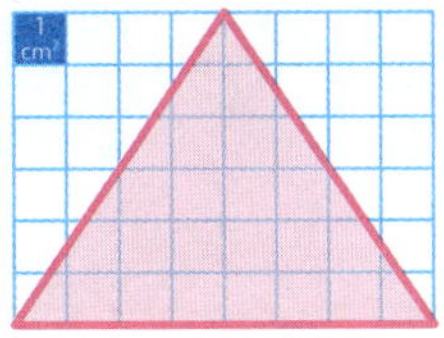

....
....
....

6 **Calcule** l'aire de ce parallélogramme.

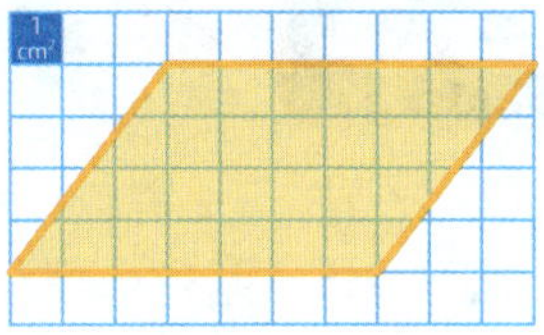

....
....

7 **Calcule** l'aire de ce triangle de deux façons.

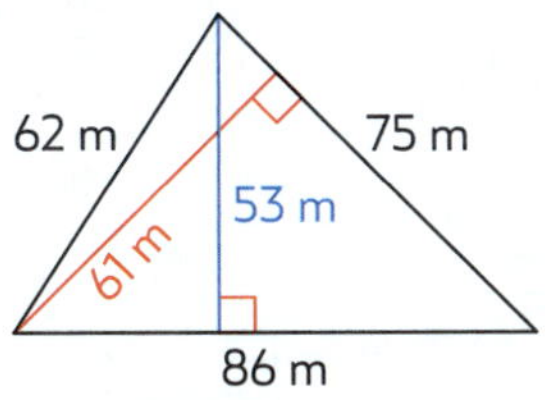

....
....
....
....

8 **Calcule** l'aire de ce triangle rectangle de deux façons.

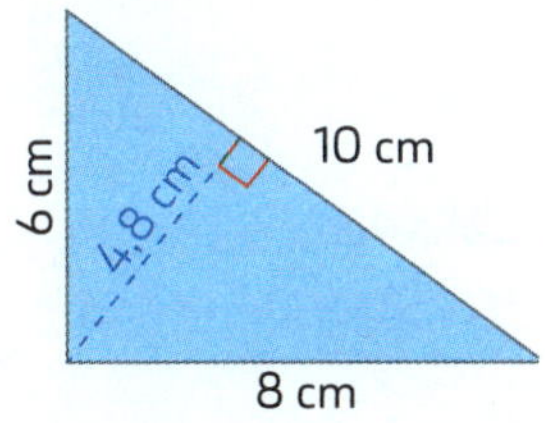

....
....
....
....

9 **Calcule** l'aire de ce losange.

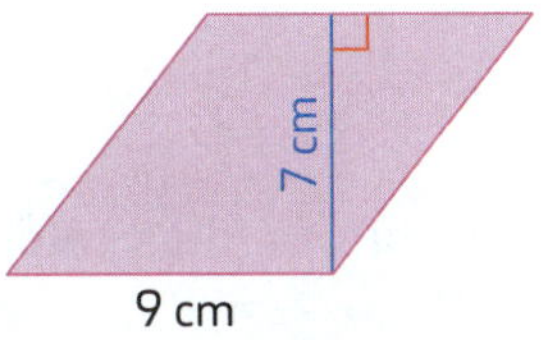

....
....
....
....

10 **Calcule** l'aire de ce trapèze rectangle.

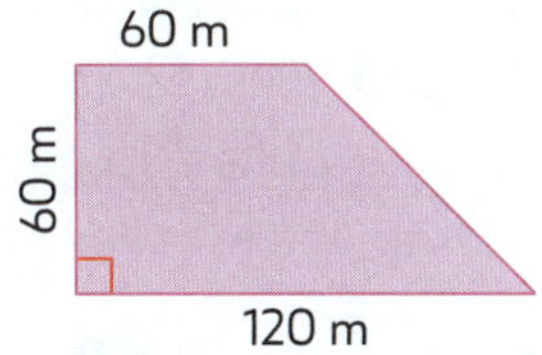

....
....
....
....

11 PROBLÈME **Calcule** l'aire totale de la figure ABCD.

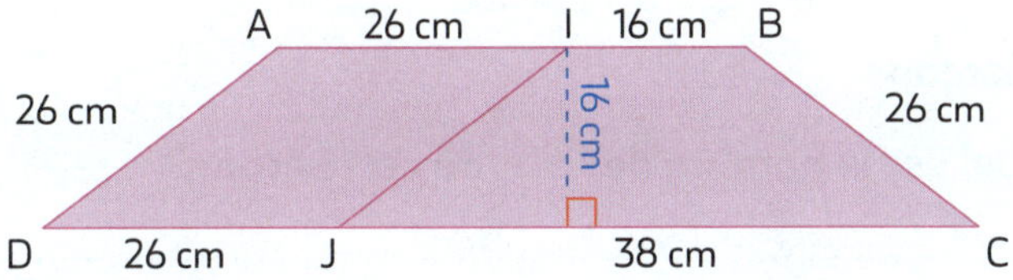

....
....
....
....

Évaluation formative

12 **Calcule** l'aire de ce triangle.

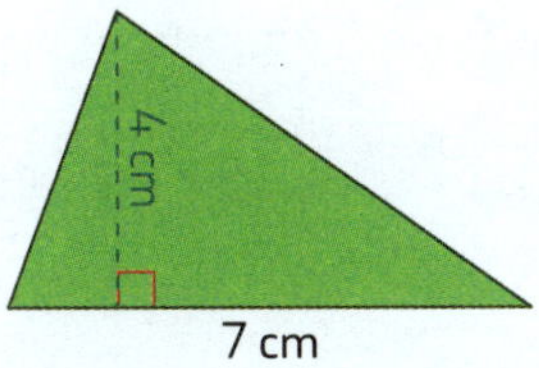

....
....
....
....

13 **Calcule** l'aire de ce parallélogramme.

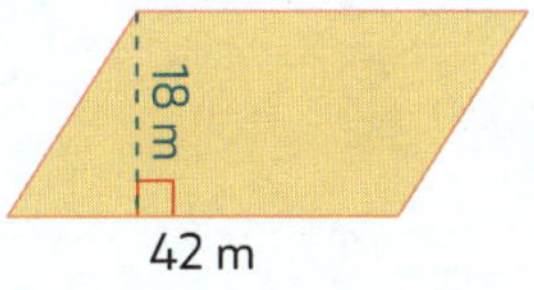

....
....
....
....

Consolidation — Remédiation — Approfondissement

14 **Relie** la formule du calcul de l'aire à sa figure.

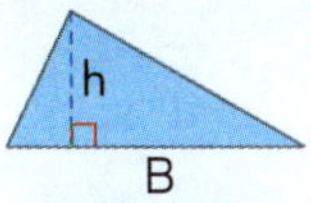

•

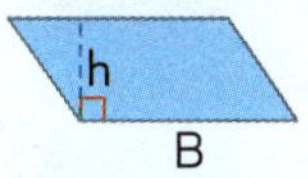

•

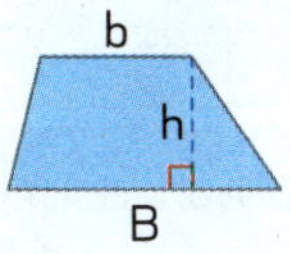

•

• $\frac{(\text{base} \times \text{hauteur})}{2}$

• $\frac{(\text{grande base} + \text{petite base}) \times \text{hauteur}}{2}$

• base × hauteur

15 L'aire de ce losange est de 90 cm².
Retrouve-la en utilisant la longueur de ses diagonales qui mesurent 18 cm et 10 cm.

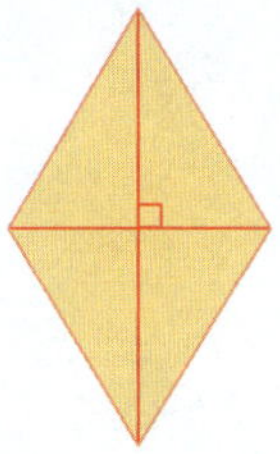

....
....
....

B3 Bilan de l'unité 3

Évaluation sommative

1 **Écris** l'inverse de chaque nombre.

5 → .... 12 → .... $\frac{1}{5}$ → .... $\frac{3}{4}$ → ....

Reconnaître l'inverse d'un nombre.

2 **Calcule**.

$\frac{2}{3} \times 4 =$ .... $\frac{5}{7} \times \frac{3}{4} =$ .... $\frac{5}{2} \div 4 =$ .... $\frac{3}{4} \div \frac{2}{5} =$ ....

Représenter le produit ou le quotient d'une fraction et d'un entier ou de deux fractions.

3 Le directeur compte les élèves de son école.
CP : 13 filles, 12 garçons ; CE1 : 10 filles, 16 garçons ; CE2 : 15 filles, 11 garçons ;
CM1 : 14 filles, 13 garçons ; CM2 : 16 filles, 11 garçons.
Complète les cases orange et blanches pour organiser les données, puis **calcule** le total.

	CP	CE1	CE2	....	....	Total
Filles	13	......	......	......	......	......
Garçons	12	......	......	......	......	......

Quel est le nombre de filles de cette école ?

....

Organiser et présenter des données dans un tableau.

4 **Termine** la construction de ce parallélogramme, puis **calcule** son périmètre.

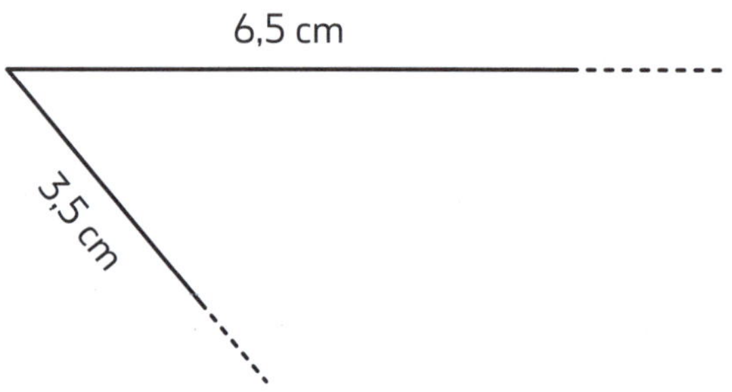

....
....
....
....

Construire un parallélogramme et déterminer son périmètre.

5 **Calcule** l'aire de ce triangle.

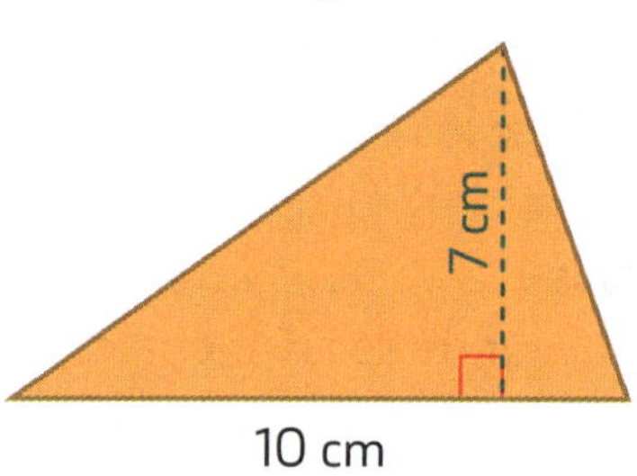

....
....

6 **Calcule** l'aire de ce losange.

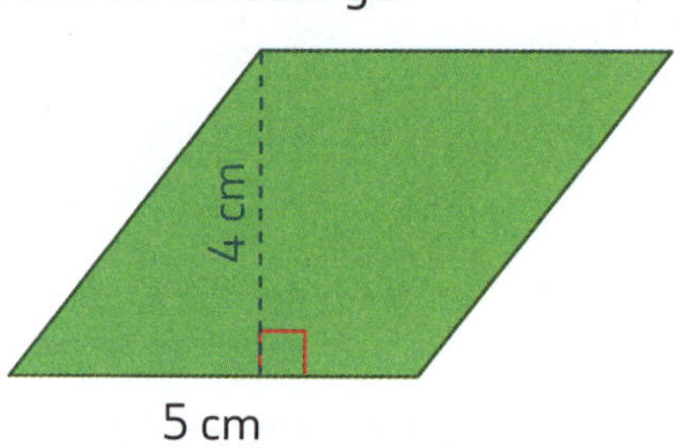

....
....

Calculer l'aire des polygones usuels.

Consolidation

1 **Calcule** le produit des deux fractions.

$\frac{4}{3} \times \frac{2}{5} = \frac{4 \times \ldots\ldots}{3 \times \ldots\ldots} = \frac{\ldots\ldots}{\ldots\ldots}$

2 **Calcule** le quotient des deux fractions.

$\frac{4}{3} \div \frac{2}{5} = \frac{4}{3} \times \frac{5}{2} = \frac{4 \times \ldots\ldots}{3 \times \ldots\ldots} = \frac{\ldots\ldots}{\ldots\ldots}$

Représenter le produit ou le quotient d'une fraction et d'un entier ou de deux fractions.

3 Le tableau ci-dessous présente la croissance d'un plant de lentille pendant 10 jours.

Croissance d'un plant de lentille						
Temps (jours)	0	2	4	6	8	10
Taille (mm)	0	4	10	25	40	60

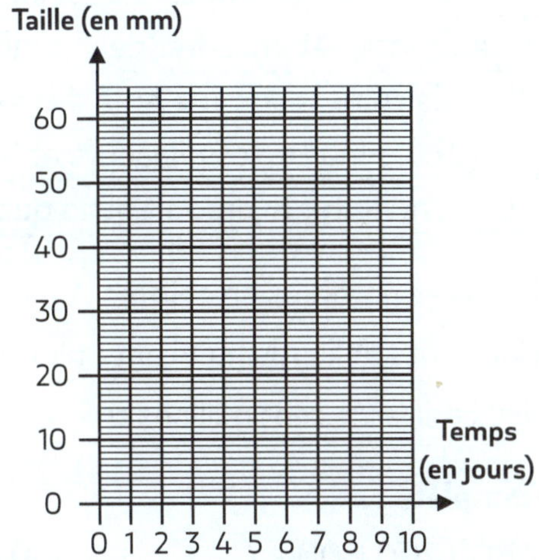

Complète le graphique à lignes brisées à l'aide du tableau.

Combien de jours faut-il pour que le plant de lentille atteigne la taille de :

– 25 mm ? ....

– 50 mm ? ....

Organiser et présenter des données dans un graphique.

4 **Marque** les côtés de même longueur, puis **écris** le nom de chaque figure.

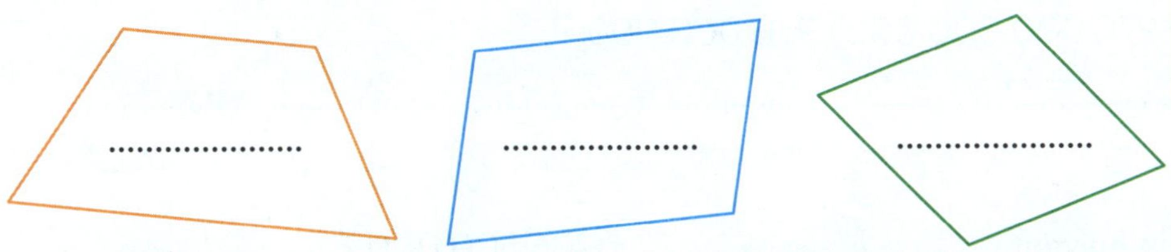

Reconnaître les caractéristiques du losange, du parallélogramme et du trapèze

Synthèse

Produit de deux fractions

Pour multiplier deux fractions :

- on multiplie les numérateurs entre eux ;
- on multiplie les dénominateurs entre eux.

$\frac{7}{4} \times \frac{3}{5} = \frac{7 \times 3}{4 \times 5} = \frac{21}{20}$

Quotient de deux fractions

Pour diviser une première fraction par une seconde :

- on multiplie la première par l'inverse de la seconde.

$\frac{7}{4} \div \frac{3}{5} = \frac{7}{4} \times \frac{5}{3} = \frac{7 \times 5}{4 \times 3} = \frac{35}{12}$

Aire du triangle

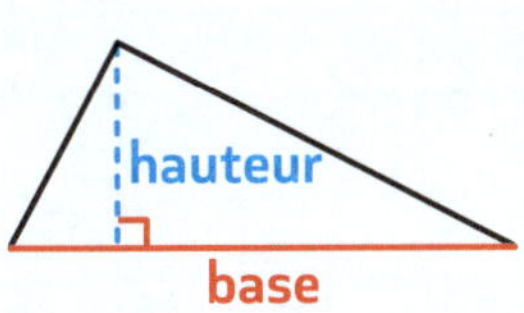

$A = \frac{(\text{base} \times \text{hauteur})}{2}$

Aire du parallélogramme et du losange

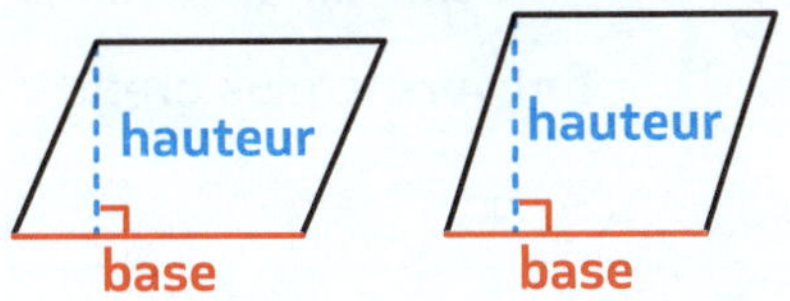

$A = \text{base} \times \text{hauteur}$

Aire du trapèze

$A = \frac{(\text{grande base} + \text{petite base}) \times \text{hauteur}}{2}$

S1 Évaluation semestrielle (1)

Nombres et calculs

Objectifs des apprentissages	Évaluation
1. 2. Écrire et décomposer des nombres de 0 à 999 999 999 999.	
3. 4. Ranger et encadrer des nombres de 0 à 999 999 999 999.	
5. 6. Calculer la somme et la différence des nombres entiers.	
7. 8. Reconnaître les diviseurs et les multiples d'un nombre.	
9. Représenter le produit ou le quotient d'une fraction et d'un entier ou de deux fractions.	

1 **Écris** ces nombres en chiffres.

cinq cents milliards huit cent huit millions trois cent quarante-sept mille : ....

deux milliards cent millions trente mille : ....

2 **Complète**.

7 800 700 000 = (............ × 1 000 000 000) + (......... × 100 000 000) + (.......... × 100 000)

.... = (9 × 1 000 000 000) + (2 × 100 000) + (5 × 10)

3 **Range** ces nombres dans l'ordre croissant :

9 700 000 000 ; 97 000 000 ; 970 000 000 000 ; 970 000 000.

....

4 **Encadre** entre :

– deux centaines de millions qui se suivent : .... < 705 300 000 < .... ;

– deux dizaines de millions qui se suivent : .... < 139 800 000 < ....

5 **Pose** et **calcule**.

153 230 000 + 893 000 + 19 720 000

6 **Pose** et **calcule**.

263 980 100 – 76 857 200

7 **Écris** les six premiers multiples :

– de 9 : .... ;

– de 15 : ....

Entoure le plus petit multiple commun à 9 et à 15.

8 **Écris** les diviseurs :

– de 32 : .... ;

– de 20 : ....

Entoure le plus grand diviseur commun à 32 et à 20.

9 **Calcule**.

$\frac{2}{3} \times 4 =$ ....

$\frac{5}{7} \times \frac{3}{4} =$ ....

$\frac{6}{11} \div \frac{7}{5} = \frac{6}{11} \times \frac{\dots}{\dots} = \frac{(6 \times \dots)}{(11 \times \dots)} = \frac{\dots}{\dots}$

Géométrie

Objectifs des apprentissages	Évaluation
10. Construire des triangles connaissant certains éléments de base.	
11. Construire un parallélogramme et déterminer son périmètre et son aire.	

10 **Trace** le triangle ABC : AB = 8 cm, angle $\widehat{A}$ = 45° et BC = 7 cm.

11 **Termine** la construction de ce parallélogramme, puis **calcule** son périmètre et son aire.
La hauteur mesure 2,5 cm.

....

....

Mesures

Objectifs des apprentissages	Évaluation
12. Convertir des unités de longueurs et d'aires	
13. Ranger des mesures de masses.	
14. 15. Convertir les unités de temps. Additionner et soustraire des durées.	

12 **Complète.**

50,5 km = ... m 993 m = ... hm

70 hm² = ... dam² 820 m² = ... dam²

13 **Range** ces masses par ordre croissant :
70 hg ; 9 500 g ; 1 kg ; 580 dag.

....

14 **Convertis.**

4 h 15 min = ... min 2 min 30 s = ... s 190 s = ... min ...... s 1 h = ... s

15 **Pose** et **calcule** sur ton cahier d'essai, puis **complète**.

23 min 36 s + 19 min 45 s = ... 17 h 08 min – 9 h 55 min = ...

Organisation et traitement des données

Objectif de l'apprentissage	Évaluation
16. Organiser et présenter des données dans un graphique.	

16 Le directeur d'une scierie a noté la quantité de bois (stères) qu'il a livrée cette semaine : chêne, 40 stères ; cèdre, 32 stères ; pin, 28 stères et arganier, 35 stères.
Complète le tableau, puis **trace** le graphique.

Arbres	Chêne	....	....	....
Stères	40	....	....	....

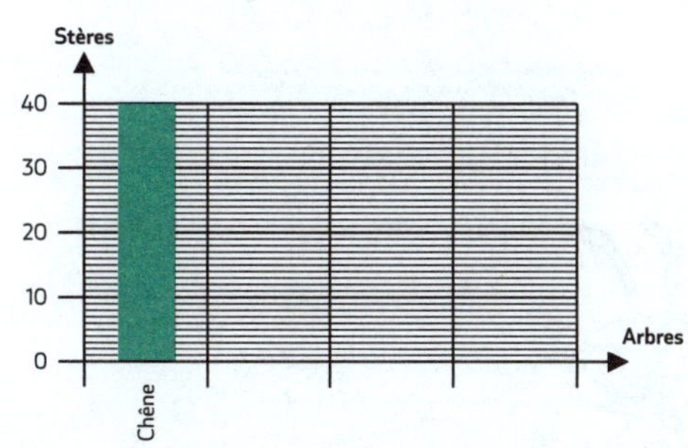

13 Multiplication posée des nombres entiers

Objectifs de l'apprentissage	Calculer le produit de deux nombres entiers. Utiliser certaines propriétés de la multiplication. Trouver les erreurs dans une opération de multiplication. Résoudre les situations-problèmes.
Calcul mental	**Dictée de nombres supérieurs à 1 000 000.** Dire : « 1 450 200 000 » ; l'élève écrit 1 450 200 000.

....

Construction du concept

1 Un magasin d'informatique commande 523 ordinateurs. Chaque ordinateur coûte 2 349 Dh.

Combien va-t-il payer ?

Termine l'opération.

Rédige une phrase réponse.

....

....

				2	3	4	9
			×		5	2	3
2 349 × 3 →				.....	.....	.....	.....
2 349 × 20 →	+		.....	.....	.....	.....	0
2 349 × 500 →	+	.....	.....	.....	.....	.....	.....
	.....	.....	.....	.....	.....	.....	.....

2 Le directeur commande aussi 54 ramettes de papier blanc et 32 ramettes de papier de couleur. Chaque ramette coûte 230 Dh.

Combien va-t-il payer ?

Réalise le calcul d'Ali. **Rédige** une phrase réponse.

....

Activités de mathématisation

3 **Calcule.**

		2	5	7
	×		9	4
	.....	.....	.....	.....
+	.....	.....	.....	.....
.....	.....	.....	.....	.....

		7	3	4	0
	×			8	5
	.....	.....	.....	.....	.....
+	.....	.....	.....	.....	.....
.....	.....	.....	.....	.....	.....

4 **Pose** et **calcule**.

5 396 × 647

362 × 1 260

5 **Calcule** en tenant compte des parenthèses.

2 × (4 + 5) = ... | (5 + 9) × 4 = ... | (4 + 3) × (7 – 4) = ...

6 **Place** des parenthèses pour trouver le résultat donné.

4 × 2 + 8 × 2 = 80 | 20 – 3 × 2 = 34 | 20 – 3 × 2 = 14

7 PROBLÈME Par an, un oranger produit en moyenne 275 oranges. Le producteur possède deux champs : le premier avec 95 arbres et le second avec 247 arbres.

Combien d'oranges le producteur récolte-t-il ?

Écris l'opération en utilisant les parenthèses. ....

Pose et **calcule** cette opération, puis **rédige** une phrase réponse.

....

Évaluation formative

8 **Pose** et **calcule**.

2 109 × 325

9 **Calcule**. (3 + 2) × (2 + 5) = ...

(2 × 3) + (4 × 4) = ...

(4 × 3) – (7 – 4) = ...

10 **Place** des parenthèses.

3 + 5 × 10 = 53 | 5 + 5 × 5 = 50

3 + 5 × 10 = 80 | 5 + 5 × 5 = 30

11 PROBLÈME En mer, une distance s'exprime en milles marins. Un mille marin est égal à 1 852 mètres. La distance entre le port de Tanger et le port de Rabat est de 136 milles et entre le port de Rabat et celui de Casablanca 54 milles.

Quelle est la distance, en km, entre les ports de Tanger et de Casablanca ?

....

....

Consolidation

Remédiation

12 Quelle erreur Amir a-t-il commise dans sa multiplication ? **Corrige**-la.

		4	5	2	8
	×			2	3
	1	3	5	8	4
+		9	0	5	6
	2	2	6	3	0

Approfondissement

13 PROBLÈME La salle des fêtes peut accueillir 600 personnes. Pour la fête de l'école le 7 juin, 19 rangées de 27 fauteuils sont occupées.

Combien de spectateurs la salle peut-elle encore accueillir ?

....

....

14 Le cercle et le disque : circonférence et aire

Objectifs de l'apprentissage	Découvrir le nombre π. Calculer la circonférence d'un cercle connaissant son rayon ou son diamètre. Calculer la surface d'un disque connaissant son rayon ou son diamètre.
Calcul mental	**Suite de nombres entiers.** Écrire : 32 700 ; 32 800 ; 32 900. L'élève écrit 33 000.

Construction du concept

La **circonférence** du cercle est la longueur de la ligne **bleue**. Elle est exprimée en unité de longueur : cm, m…

1 **Mesure** la circonférence du cercle et le diamètre de différents objets ronds (boîte de conserve, pot à crayons…), puis **complète** le tableau.

	Table ronde	Cerceau de gym	Boîte de conserve	....
Longueur du cercle (mm)	3 140	2 576	....	....
Diamètre (mm)	1 000	820	....	....

÷ .....

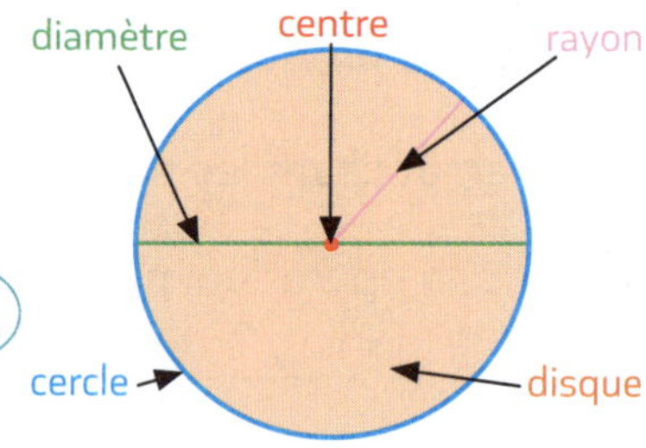

Avec une calculatrice, pour chaque objet du tableau, **divise** la longueur du cercle par son diamètre.

Que constates-tu ?
Complète l'opérateur.

Dès l'Antiquité, Archimède a montré que la circonférence du cercle divisée par son diamètre est un nombre proche de 3,14. Ce nombre est appelé Pi (souvent noté π).

Tu peux maintenant calculer la circonférence d'un cercle si tu connais son diamètre ou son rayon.

Complète la formule. Circonférence du cercle = ... × 3,14

N'oublie pas : diamètre = 2 × rayon ou rayon = diamètre ÷ 2.

Utilise cette formule pour calculer la circonférence d'un cercle :
– de 10 cm de rayon : .... ;
– de 10 cm de diamètre : ....

2 Archimède a démontré que l'aire d'un disque se calcule d'après la formule :

Aire du disque = rayon × rayon × 3,14

L'aire du disque est exprimée en unité d'aire : cm², m²…

Utilise cette formule pour calculer l'aire d'un disque :
– de 10 cm de rayon : .... ;
– de 10 cm de diamètre : ....

Activités de mathématisation

3 **Calcule** la circonférence C de chaque cercle.

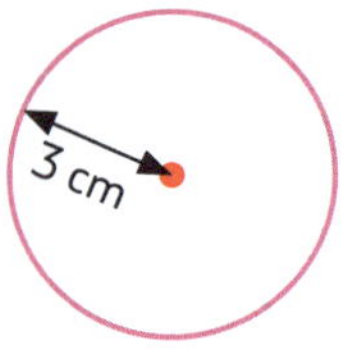

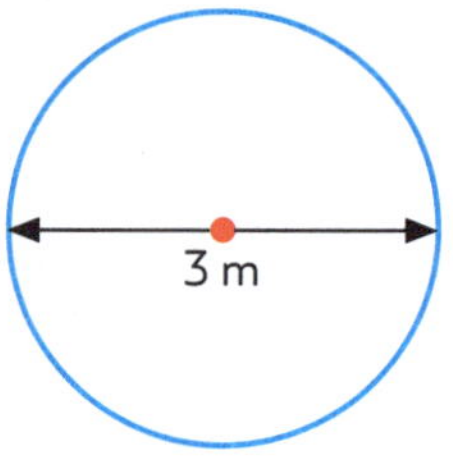

....
....

4 **Calcule** l'aire A de chaque disque.

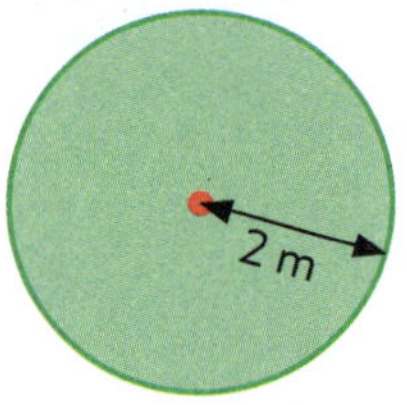

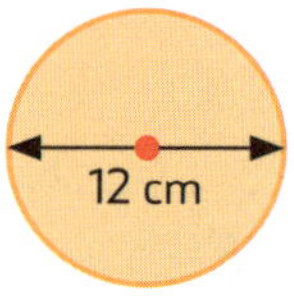

....
....

5 **Complète** ce tableau.

	Diamètre	Rayon	Circonférence	Aire
Cercle 1	30 cm	....	....	....
Cercle 2	....	48 cm	....	....
Cercle 3	....	....	314 m	....

6 PROBLÈME La mamie de Younes a une nappe ronde de 4 m de diamètre.

Quelle est l'aire de cette nappe ?

....

....

Elle veut coudre un galon tout autour de cette nappe.

Quelle longueur de galon coudra-t-elle ?

....

....

Évaluation formative

7 **Entoure** en **bleu** la formule qui donne la circonférence d'un cercle et en **vert** celle qui donne l'aire d'un disque.

diamètre × 3,14 | diamètre × rayon | rayon × rayon × 3,14 | rayon × 3,14

8 **Calcule** la circonférence de ce cercle.

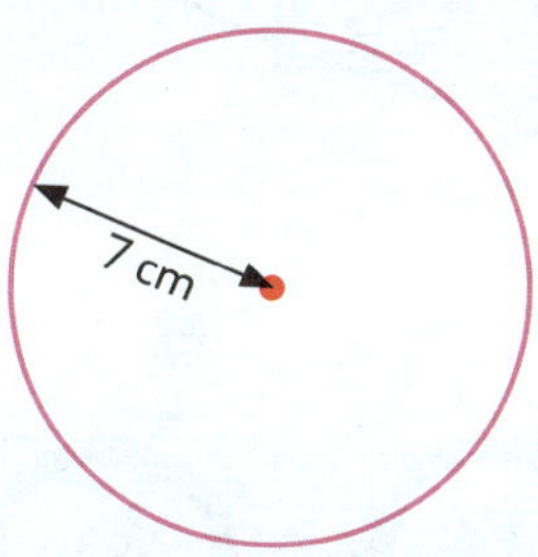

....

....

....

....

....

....

9 **Calcule** l'aire de ce disque.

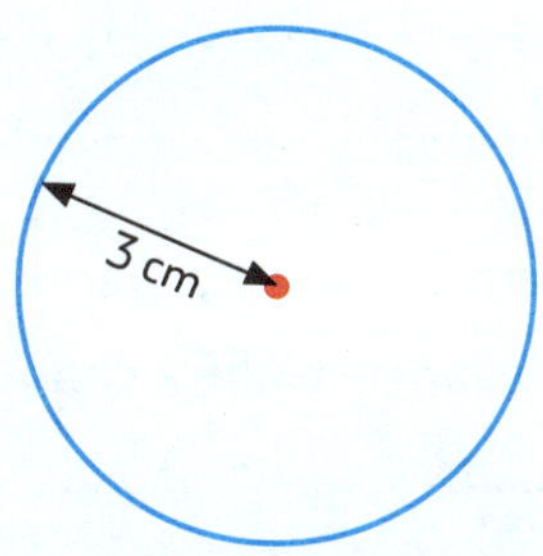

....

....

....

....

....

....

Consolidation

Remédiation

10 **Vrai ou faux ?**

- Le rayon est le double du diamètre. ....
- Le diamètre est le double du rayon. ....
- La formule de calcul de la circonférence d'un cercle peut s'écrire : 2 × rayon × 3,14. ....
- La formule de calcul de l'aire d'un disque peut s'écrire : 2 × rayon × 3,14. ....

Approfondissement

11 PROBLÈME **Quelle est l'aire de la surface grise ?**

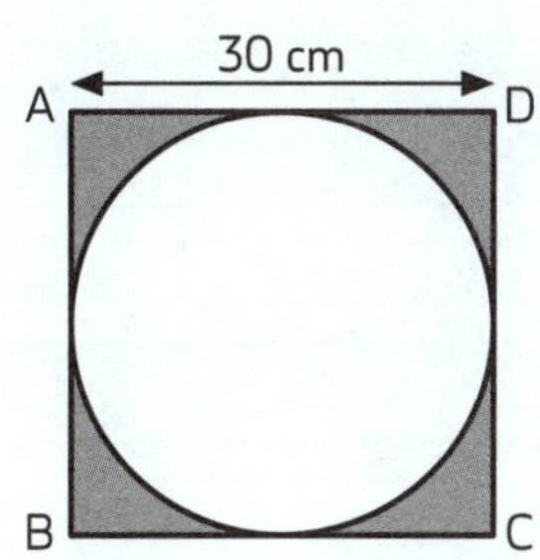

....

....

....

....

....

....

....

....

15 Mesure de la circonférence d'un cercle et de l'aire d'un disque

....

Objectifs de l'apprentissage	Calculer la circonférence d'un cercle ou l'aire d'un disque en utilisant la règle. Résoudre des situations-problèmes.
Calcul mental	**Addition ou soustraction de fractions de même dénominateur.** Écrire $\frac{4}{7} - \frac{3}{7}$; l'élève écrit $\frac{1}{7}$.

Construction du concept

1 Ali a tracé en bleu le contour de cette figure.

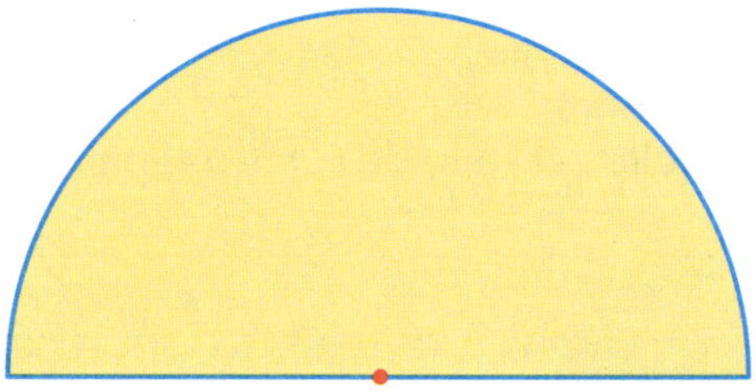

Quelle est la longueur de la ligne bleue ?

....

....

....

Quelle est l'aire de la surface jaune ?

....

....

....

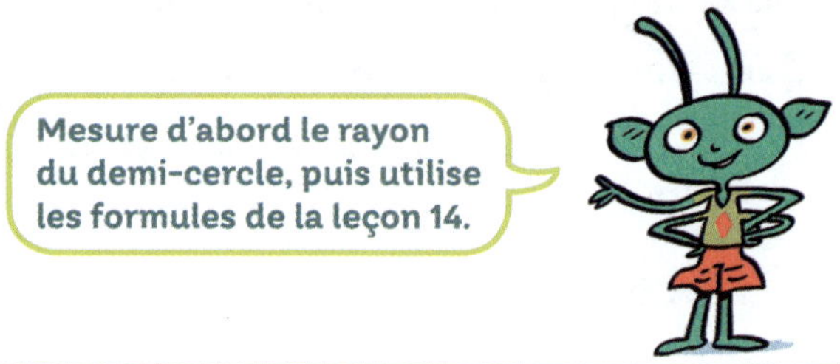

Activités de mathématisation

2 PROBLÈME L'éventail de Kenza est un demi-disque de 15 cm de diamètre.

Quelle est l'aire de cet éventail ?

....

....

....

3 PROBLÈME Nadia a acheté un vélo. Le diamètre d'une roue est égal à 70 cm.

De combien de mètres (m) avance-t-elle à chaque tour de roue ?

....

....

....

4 PROBLÈME Cette figure est formée de trois demi-cercles.

Quelle est la longueur du contour de cette figure ?

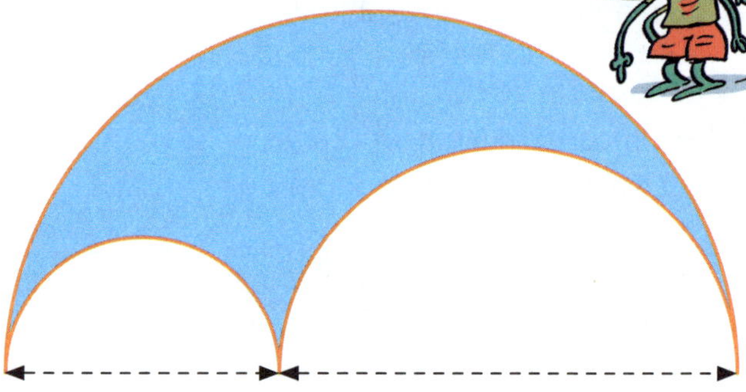

....

....

....

....

....

....

....

....

5 PROBLÈME Une pizza a un rayon de 15 cm. Youssef en mange un quart.

Quelle est l'aire de la part mangée par Youssef ?

....

....

....

6 PROBLÈME Anissa veut acheter une bâche pour sa piscine ronde de 4 m de diamètre. Le vendeur lui propose une bâche sur mesure à 90 Dh le m^2.

Combien Anissa va-t-elle dépenser pour cette bâche ?

....

....

....

....

Évaluation formative

Yanis a réalisé ce dessin.

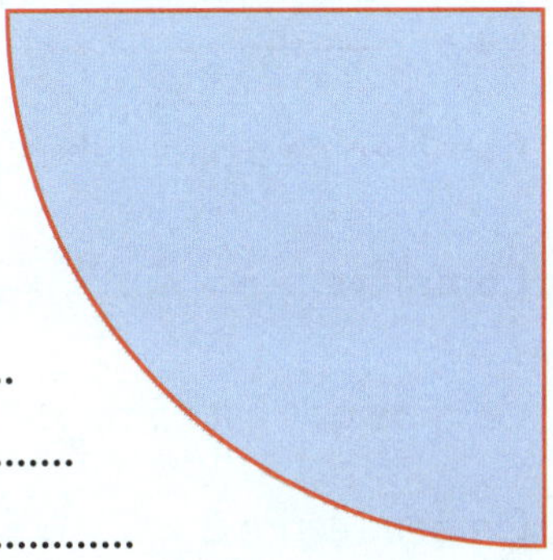

7 PROBLÈME **Quelle est la longueur de la ligne rouge ?**

....

....

....

....

....

8 PROBLÈME **Quelle est l'aire de la figure bleue ?**

....

....

....

Consolidation — Remédiation — Approfondissement

9 **Entoure** :
- en bleu les unités utilisées pour exprimer la circonférence d'un cercle ;
- en vert les unités utilisées pour exprimer l'aire d'un disque.

cm kg m^2 cL km

mm^2 g L cm^2

10 PROBLÈME **Quelle est la longueur de cette piste d'athlétisme ?**

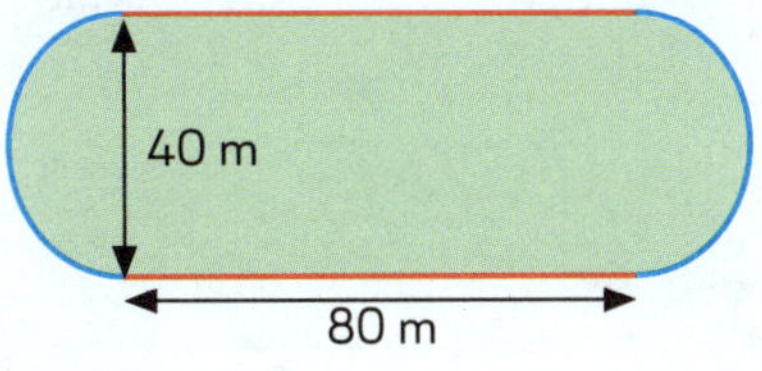

....

....

....

16 La puissance 2 et la puissance 3

Objectifs de l'apprentissage	Utiliser la puissance 2 et la puissance 3 pour représenter des produits. Décomposer la puissance 2 et la puissance 3 en produits. Déduire que des nombres peuvent s'écrire sous forme de puissance 2 et 3.
Calcul mental	**Multiplication ou division de fractions.** Écrire $\frac{4}{7} \times \frac{3}{2}$; l'élève écrit $\frac{12}{14}$.

....

Construction du concept

1 **Observe** les nombres de la diagonale de la table de Pythagore de la multiplication.
Le dernier nombre de la diagonale est 81.

Calcule les deux nombres suivants de cette diagonale.

....

....

×	1	2	3	4	5	6	7	8	9
1	1	2	3	4	5	6	7	8	9
2	2	4	6	8	10	12	14	16	18
3	3	6	9	12	15	18	21	24	27
4	4	8	12	16	20	24	28	32	36
5	5	10	15	20	25	30	35	40	45
6	6	12	18	24	30	36	42	48	54
7	7	14	21	28	35	42	49	56	63
8	8	16	24	32	40	48	56	64	72
9	9	18	27	36	45	54	63	72	81

2 $36 = 6 \times 6$ s'écrit aussi 6^2.

Écris de la même façon.

9 = ... × .... = 3...

25 = ... × .... = ...

64 = ...

3 **Combien de petits cubes composent ce cube gris ?**

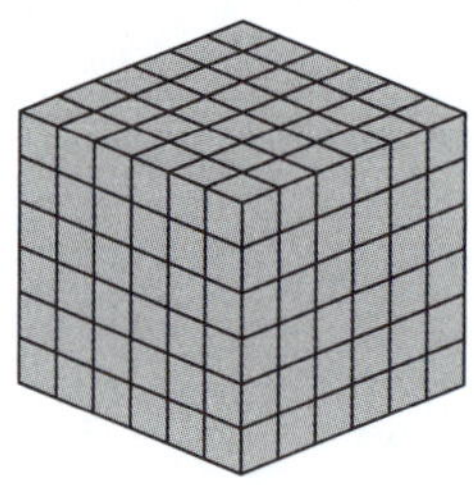

Complète. 6 × .... × .... = ...

Ce cube gris est composé de .... petits cubes.

On peut écrire $6 \times 6 \times 6 = 6^3$.

4 **Écris** sous forme de produits et **calcule**.

2^3 = ... × .... × .... = ...

4^3 = ...

3^3 = ... × .... × .... = ...

8^3 = ...

Activités de mathématisation

5 **Écris** sous forme d'un produit et **calcule**.

7^2 = ...

20^2 = ...

50^2 = ...

10^2 = ...

100^2 = ...

$1\,000^2$ = ...

6 **Résous** ces multiplications à trou. 144 = 12 × .... 156 = 12 × ....

144 est-il le carré de 12 ? ☐ Oui ☐ Non

156 est-il le carré de 12 ? ☐ Oui ☐ Non

7 **Entoure** les égalités correctes.

$6 + 6 = 6^2$ $6 \times 6 = 6^2$ $6 \times 2 = 6^2$ $36 = 6^2$ $12 = 6^2$

8 **Écris** sous forme d'un produit et **calcule**.

7^3 = ... | 10^3 = ...

20^3 = ... | 100^3 = ...

9 **Entoure** les égalités correctes.

$6 = 2^3$ | $2 + 2 + 2 = 2^3$ | $2 \times 3 = 2^3$ | $2 \times 2 \times 2 = 2^3$ | $8 = 2^3$

10 **De quel nombre 64 est-il le carré ?** .... **De quel nombre 64 est-il le cube ?** ....

11 PROBLÈME **Quel est le nombre de petits cubes dans cet assemblage ? Utilise** les puissances 2 et 3.

....

....

....

....

Évaluation formative

12 **Écris** sous la forme de puissance 2 ou de puissance 3, puis **calcule**.

$10 \times 10 \times 10$ = ... = ... | 4×4 = ... = ... | $5 \times 5 \times 5$ = ... = ...

13 **Écris** sous forme d'un produit, puis **calcule**.

3^3 = ... | 4^2 = ...

15^2 = ... | 100^3 = ...

14 PROBLÈME Un dallage carré comporte neuf dalles carrées sur chaque côté.

On enlève 3^2 dalles.

Combien de dalles reste-t-il ?

....

....

....

Consolidation

Remédiation

15 **Barre** les expressions qui ne peuvent pas s'écrire avec une puissance 2 ou une puissance 3.

$2 + 2 + 2$ | 5×5

$8 + 8$ | 3×2

$3 + 3 + 3$ | $6 \times 6 \times 6$

Approfondissement

16 Tous les petits cubes sont identiques. Deux tunnels traversent le grand cube de part en part.

Quel est le nombre de petits cubes ?

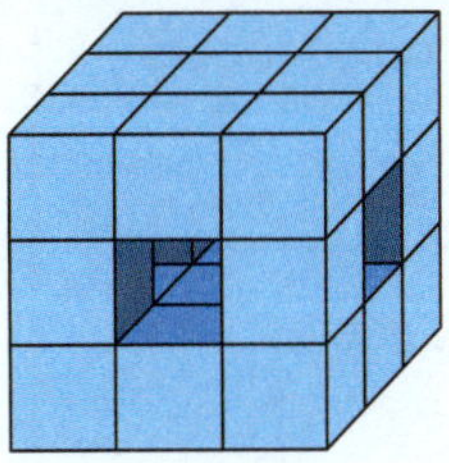

....

....

....

....

....

B4 Bilan de l'unité 4

Évaluation sommative

1 **Pose** et **calcule**.

$8\,593 \times 417$

$862 \times 5\,970$

Poser et effectuer une multiplication de nombres entiers.

2 **Calcule** la circonférence C de chaque cercle.

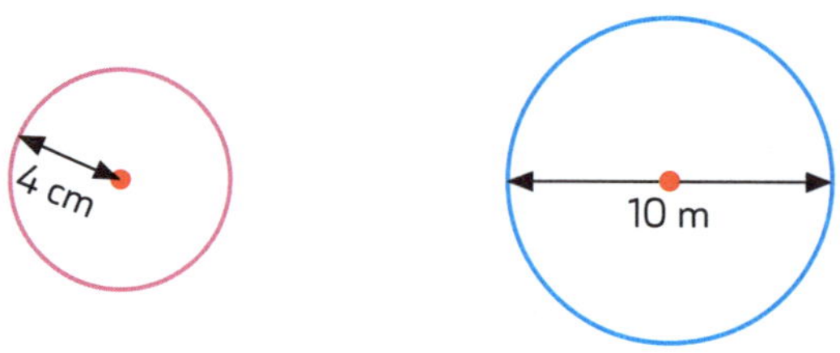

....

....

Calculer la circonférence d'un cercle connaissant son rayon ou son diamètre.

3 **Calcule** l'aire A de chaque disque.

....

....

Calculer la surface d'un disque connaissant son rayon ou son diamètre.

4 **Calcule** le périmètre de ce champ.

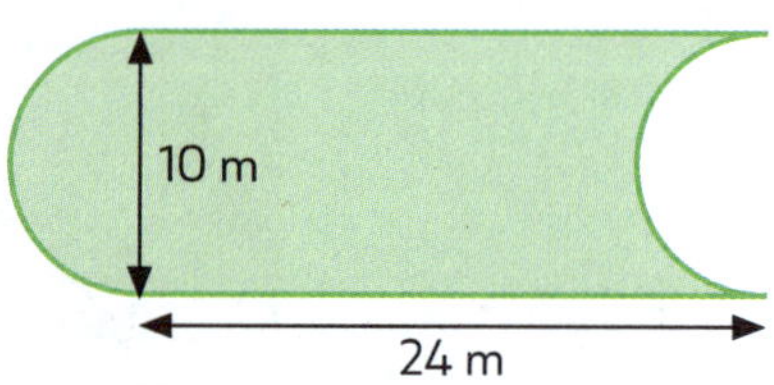

....

....

....

Calculer le périmètre d'une figure.

5 **Calcule** l'aire de cette figure formée de trois demi-cercles.

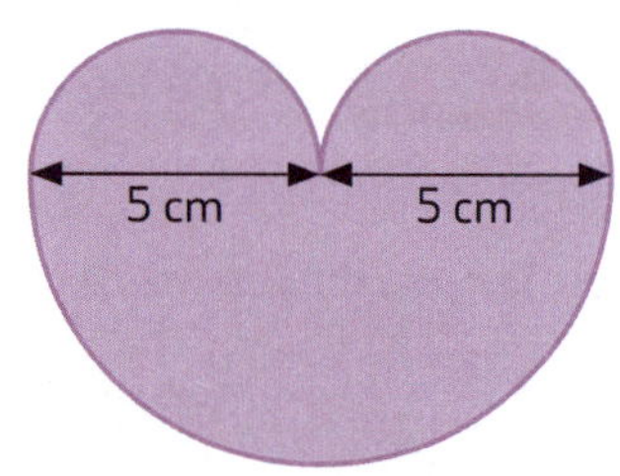

....

....

....

Calculer l'aire d'une figure formée de disques.

6 **Écris** sous forme d'un produit, puis **calcule**.

8^3 = ...

11^2 = ...

Écris sous la forme de puissance 2 ou puissance 3, puis **calcule**.

$7 \times 7 \times 7$ = ...

12×12 = ...

Utiliser la puissance 2 et la puissance 3.

7 **Calcule** le nombre de petits cubes de cet assemblage en utilisant la puissance 3.

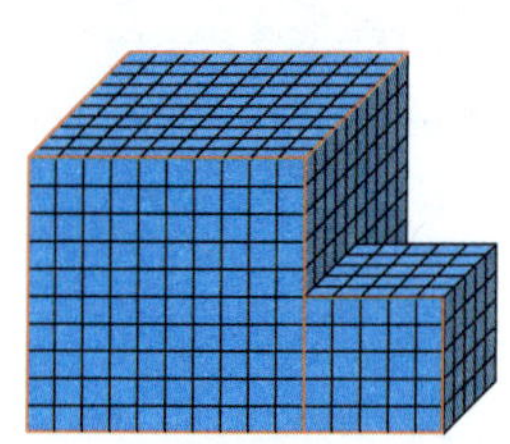

....

....

....

....

Utiliser la puissance 3 pour représenter des produits.

Consolidation

1 **Calcule** l'opération : 4 349 × 523.

				4	3	4	9
			×		5	2	3
4 349 × 3 →				.....	.....	.....	.....
4 349 × 20 →	+			.....	.....	.....	0
4 349 × 500 →	+	.....	.....	.....	.....	.....	.....
	.....	.....	.....	.....	.....	.....	.....

Poser et effectuer une multiplication.

2 **Place** les parenthèses pour trouver le résultat donné.

- 3 + 8 × 2 = 11 × 2 = 22
  3 × 8 + 2 = 3 × 10 = 30
- 5 × 4 + 8 × 2 = 3
  5 × 4 + 8 × 2 = 120

Dans un calcul, il faut d'abord effectuer les opérations à l'intérieur des parenthèses.

Utiliser certaines propriétés de la multiplication.

3 **Complète** par **aire du disque** ou **circonférence du cercle**.

.... = diamètre × 3,14

.... = rayon × rayon × 3,14

Utilise ces règles de calcul pour **calculer**, à l'aide de ta calculatrice, la circonférence et l'aire d'un disque de 10 m de diamètre.

....

....

....

Calculer la circonférence du cercle et l'aire du disque.

Synthèse

La multiplication posée

				c	d	u	
				5	2	3	
			×	1	5	9	
523 × 9 →			4	7	0	7	~~2~~ ~~2~~
523 × 50 →	+	2	6	1	5	0	~~1~~ ~~1~~
523 × 100 →	+	5	2	3	0	0	
		8	3	1	5	7	

Calculer avec des parenthèses

(4 × 3) – (9 – 6) = 12 – 3 = 9

Placer des parenthèses pour trouver un résultat donné

5 × 4 + 8 = 28 → (5 × 4) + 8 = 20 + 8 = 28

5 × 4 + 8 = 60 → 5 × (4 + 8) = 5 × 12 = 60

Mesure de la circonférence d'un cercle et de l'aire d'un disque

Circonférence du cercle = diamètre × 3,14

Aire du disque = rayon × rayon × 3,14

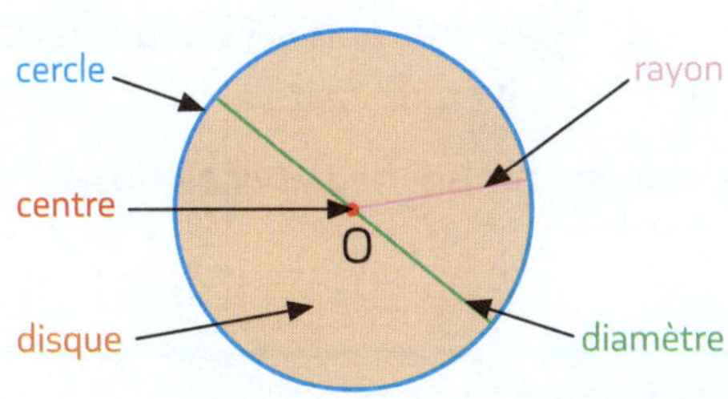

La puissance 2 et la puissance 3

- $6^2 = 6 \times 6 = 36$ $9 \times 9 = 9^2 = 81$
- $5^3 = 5 \times 5 \times 5 = 125$ $10 \times 10 \times 10 = 10^3 = 1\,000$

6^2 se lit « 6 au carré »
5^3 se lit « 5 au cube ».

17 La proportionnalité

Objectifs de l'apprentissage	Calculer un coefficient de proportionnalité, un pourcentage. Représenter des situations de proportionnalité et les convertir sous forme de graphique. Résoudre des situations-problèmes.
Calcul mental	**Puissance 2 ou puissance 3.** Écrire : 3^3 ; l'élève écrit 27.

....

Construction du concept

1 • Au basket, Mounia a réussi 75 paniers sur 100 lancers.

Complète. $\frac{........}{100}$ = ... %

• Samia a réussi 32 paniers pour 50 lancers.
Pour calculer son pourcentage de réussite, **complète** le tableau et le **coefficient de proportionnalité**.

Paniers réussis	32	....
Lancers	50	100

× ......

Complète. $\frac{32}{50}$ = $\frac{........}{100}$ = ... %

2 Un magasin de vêtements pratique une réduction de 20 % sur le prix de ses articles.
• **Complète** le coefficient de proportionnalité, puis **calcule** la réduction pratiquée sur chaque vêtement.

	Robe	Pull
Prix	300 Dh	500 Dh
Réduction	.... Dh	.... Dh

× $\frac{........}{100}$

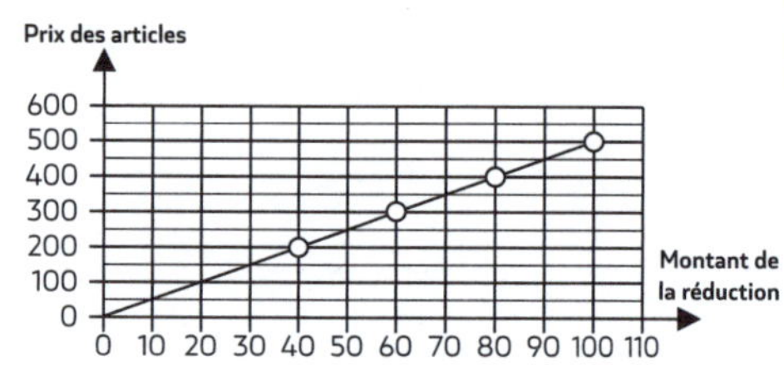

• Sur le graphique, **colorie** en vert le point correspondant à la robe et en orange le point correspondant au pull. **Vérifie** le montant de la réduction.

• **Complète**. Réduction sur une veste à 450 Dh : .... Prix d'un bonnet qui a 50 Dh de réduction : ....

Activités de mathématisation

3 **Associe** chaque pourcentage : 50 % ; 25 %

• à sa fraction.

$\frac{1}{2}$ → ....

$\frac{1}{4}$ → ....

• à sa représentation colorée.

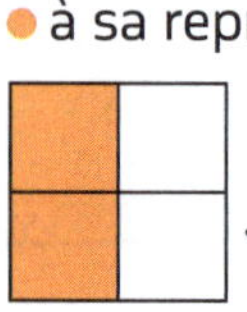 ....

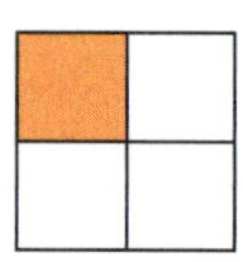 ....

4 PROBLÈME Un jeu est vendu 400 Dh.
Son prix baisse de 10 %.

Quel est son nouveau prix ?

....

....

Évaluation formative

5 PROBLÈME Au tennis, Habib effectue 60 services. Il en réussit 20 %.

Calcule le nombre de services qu'il a réussis.

....

6 PROBLÈME **Quelle est la masse de matière grasse pour une portion de fromage de 200 g ?**

....

....

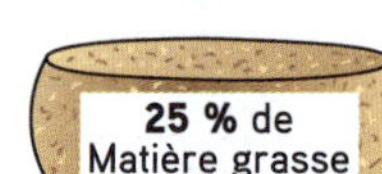

Consolidation — Remédiation — Approfondissement

7 **Colorie** 40 % de la bande.

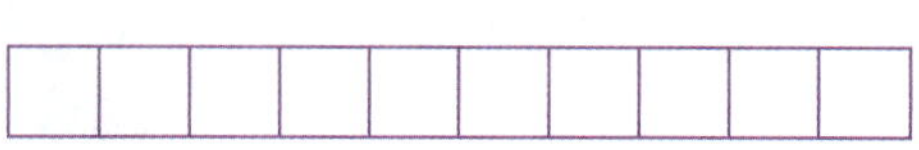

8 PROBLÈME L'école scolarise 200 élèves dont 58 % de filles. **Combien de garçons y a-t-il dans l'école ?**

....

18 L'agrandissement et la réduction des figures

....

Objectifs de l'apprentissage	Réaliser l'agrandissement et la réduction d'une figure dans un rapport connu. Déterminer le pourcentage d'agrandissement ou de réduction.
Calcul mental	**Quotient décimal d'une division par 10, par 100.** Dire : « Quel est le quotient de 321 divisé par 100 ? » ; l'élève écrit 3,21.

Construction du concept

Le coefficient d'agrandissement ou de réduction est égal à la dimension finale divisée par la dimension initiale.

1 **Observe** les figures, puis **complète**.

- La figure .... est un agrandissement de la figure jaune.

Toutes ses dimensions ont été multipliées par ....

Le coefficient d'agrandissement est de $3 = \frac{300}{100}$, soit .... %.

- La figure .... est une réduction de la figure jaune.

Toutes ses dimensions ont été divisées par ....

Le coefficient de réduction est de $\frac{1}{2} = \frac{.......}{100}$, soit .... %.

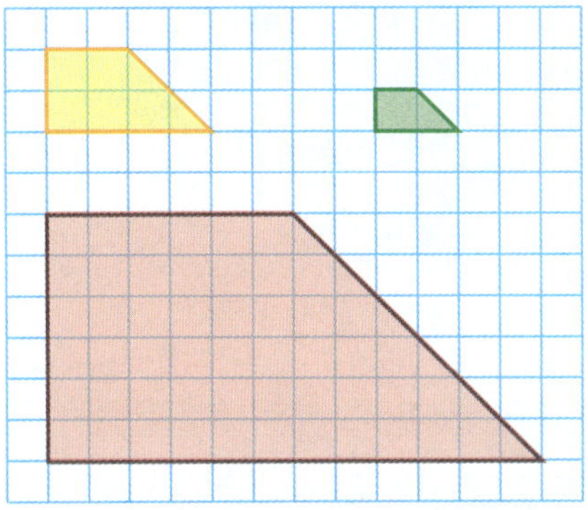

Activités de mathématisation

2 **Trace** la nouvelle figure avec un coefficient d'agrandissement de 200 %.

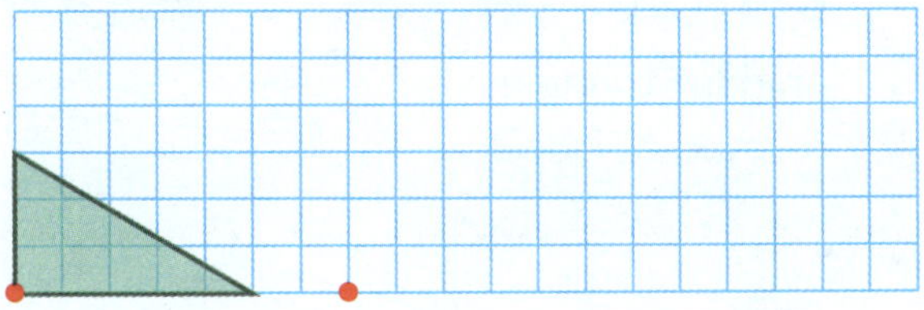

3 **Trace** la nouvelle figure avec un coefficient de réduction de 75 %.

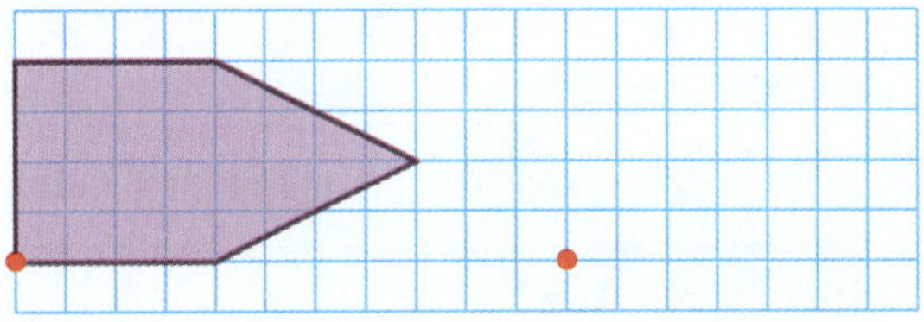

Évaluation formative

4 **Trace** la nouvelle figure avec un coefficient d'agrandissement de 300 %.

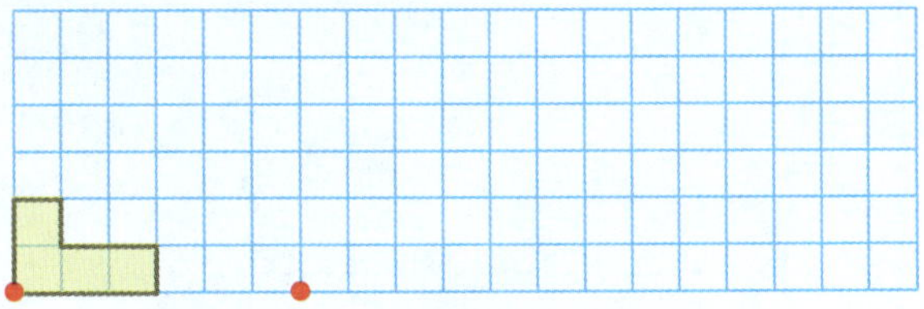

5 **Trace** la nouvelle figure avec un coefficient de réduction de 50 %.

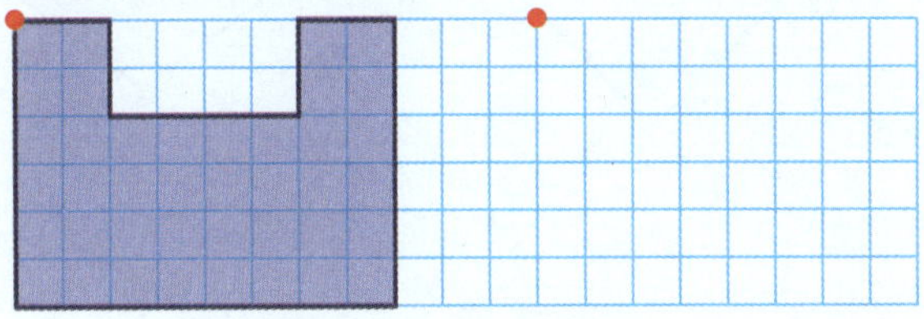

Consolidation — Remédiation — Approfondissement

6 **Complète** selon l'exemple.

Fraction	$\frac{1}{10}$	$\frac{1}{4}$	$\frac{3}{4}$
Fraction décimale	$\frac{10}{100}$	....	....
Pourcentage	10 %	....	....

7 Sur ton cahier, **agrandis** cette figure. Le coefficient d'agrandissement est de 150 %.

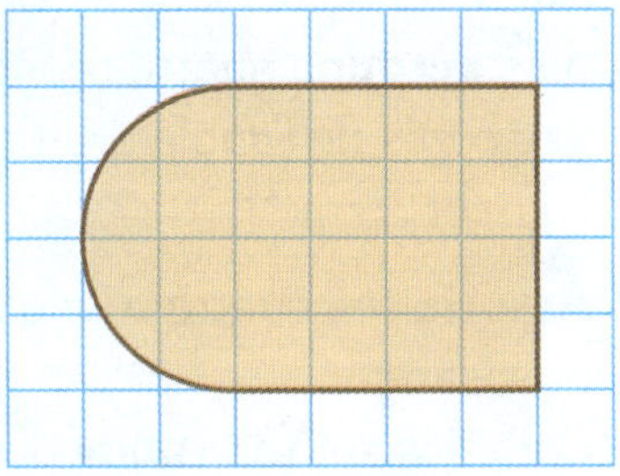

19 Le carré, le rectangle et le losange

Objectifs de l'apprentissage	Reconnaître les éléments de base du carré, du rectangle et du losange et la relation existant entre leurs angles. Construire un carré, un rectangle et un losange connaissant certains de leurs éléments. Résoudre des situations-problèmes.
Calcul mental	**Passage de l'écriture fractionnaire à l'écriture à virgule (dixièmes).** Écrire : $\frac{13}{10}$; l'élève écrit 1,3.

Construction du concept

1 **Construis** un losange ABCD de 4 cm de côté. L'angle $\widehat{A}$ mesure 35°. **Trace** ses diagonales.

Elles se coupent en formant ....

A

Utilise un rapporteur.

2 **Compare** les angles opposés du losange ABCD.

....

Calcule la somme de deux angles consécutifs.

....

....

Activités de mathématisation

3 **Construis** un rectangle de longueur 5 cm et de largeur 2,5 cm.

Partage-le en deux carrés.

4 **Construis** un carré ABCD de 3 cm de côté.

Partage-le en deux triangles rectangles isocèles.

Évaluation formative

5 **Marque** les côtés de même longueur et les angles droits. **Nomme** chaque figure, puis **compare** leur périmètre.

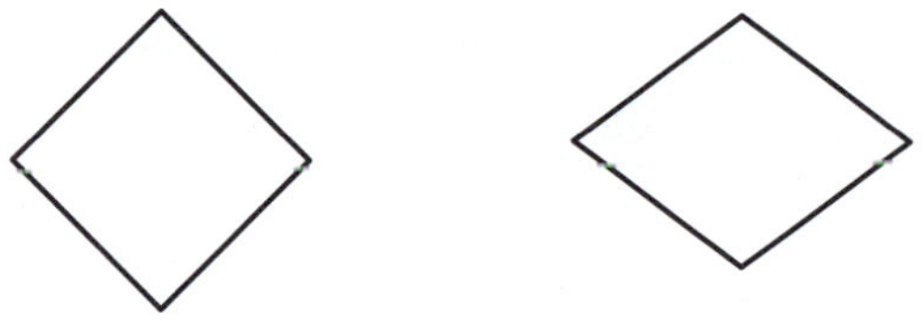

....

....

6 **Termine** la construction de ce rectangle de 6,5 cm de long et de 2,5 cm de large. **Partage**-le en un carré et un autre rectangle.

Consolidation

Remédiation

7 Sur une feuille blanche, **trace**, puis **découpe** quatre triangles rectangles. Les côtés de l'angle droit mesurent 5 cm et 3 cm.

Associe ces quatre triangles pour obtenir un losange.

Colle-les sur ton cahier d'essai.

Approfondissement

8 **Calcule** l'aire de cette figure bleue composée d'un rectangle et d'un carré.

....

....

....

....

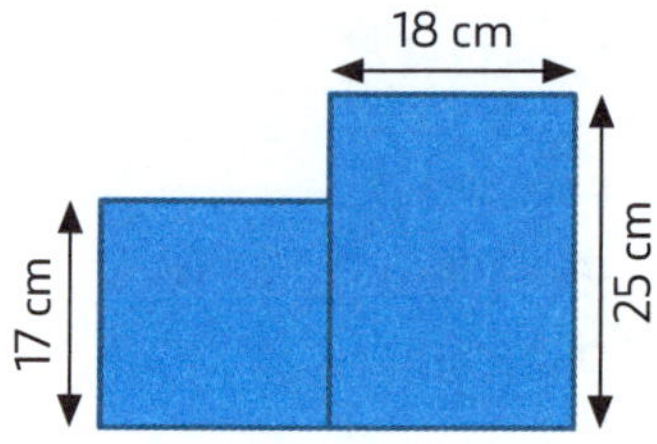

20 Organisation et traitement des données (2)

Objectifs de l'apprentissage	Lire et interpréter les données d'un tableau, d'un graphique à colonnes ou à bâtons, d'un graphique à lignes brisées.
Calcul mental	**Passage de l'écriture fractionnaire à l'écriture à virgule (centièmes).** Écrire : $\frac{351}{100}$; l'élève écrit 3,51.

....

Construction du concept

1 Voici l'évolution de la quantité de poissons pêchés au Maroc en fonction de différents types de pêche.

Quel type de pêche permet d'attraper le plus de poissons ?

....

Comment a évolué la quantité de poissons pêchés entre 2009 et 2018 ? ....

En quelle année la quantité de poissons pêchés a-t-elle été la plus faible ? ....

En comptabilisant les deux types de pêche, quelle quantité de poissons, en milliers de tonnes, a été pêchée en 2010 ? ....

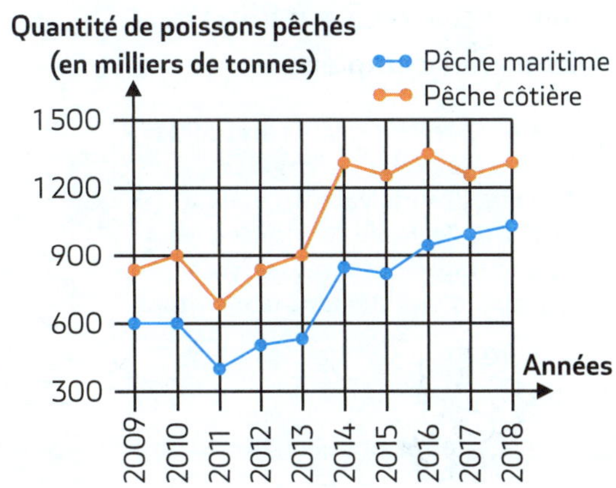

Activités de mathématisation

2 Voici le graphique qui représente trois partenaires commerciaux du Maroc en 2018.

Avec quel pays le Maroc a-t-il réalisé le plus d'échanges ? ....

Quel était le montant des exportations avec la France ? ....

Évalue la somme des exportations vers ces trois pays.

....

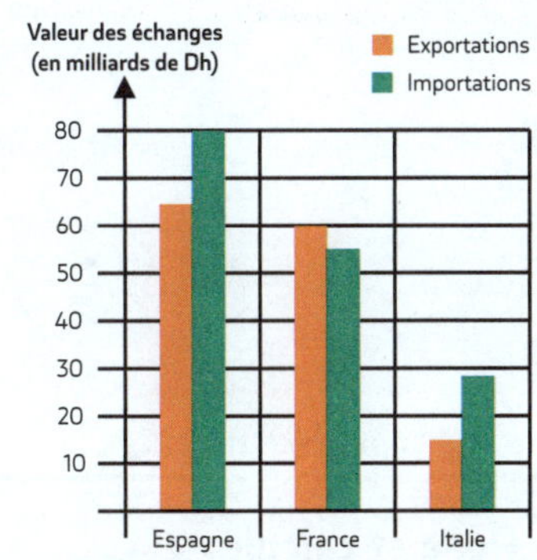

Évaluation formative

3 **Observe** le graphique de l'exercice 2.

Avec quel pays les exportations sont-elles supérieures aux importations ? ....

Quel était le montant des importations avec l'Espagne ? ....

Avec quel pays le Maroc réalise-t-il le moins d'échanges ? ....

Consolidation

Remédiation

4 **Observe** le graphique de l'exercice 1.

De quelle couleur est représentée la pêche maritime ?

Quelle était sa valeur en 2009 ?

....

Approfondissement

5 **Observe** le graphique de l'exercice 1.

En 2010, quel est l'écart des quantités pêchées entre les deux types de pêche ?

....

21 Addition et soustraction posées des nombres décimaux

....	....	....	....	....

Objectifs de l'apprentissage	Utiliser la technique usuelle pour calculer la somme et la différence de deux nombres décimaux. Résoudre des situations-problèmes.
Calcul mental	**Dictée de nombres décimaux.** Dire : « 3 unités 2 dixièmes 7 centièmes » ; l'élève écrit 3,27.

Construction du concept

1 Najib calcule 47,5 + 6,85 + 15.
Observe et **complète**.

Je place les unités sous les unités, les virgules sous les virgules… Pour faciliter le calcul, j'écris 47,50 et 15,00. J'effectue l'addition sans tenir compte des virgules, puis je place la virgule dans le résultat.

	d	u	dixièmes	centièmes
		①		
	4	7,	5	0
+		6,	8	5
+	1	5,	0	0
	.....	.....	~~1~~3	5

2 Mounia calcule 68,4 − 9,34.
Observe et **complète**.

Je procède comme Najib.

	d	u	dixièmes	centièmes
	6	8,	4	10
−		9,	3+1	4
	.....	.....	.....	6

Activités de mathématisation

3 **Pose** et **calcule**.

19,5 + 4,23 + 85

13 − 8,76

4 PROBLÈME Le cartable d'Ilyas pèse 4,25 kg. Dans son cartable, il y a 0,915 kg de cahiers et 2,4 kg de livres.

Combien pèse le cartable vide ?

....

....

....

Évaluation formative

5 **Pose** et **calcule**.

5,6 + 4,23 + 7

38,7 − 5,32

6 PROBLÈME Dans une planche de 2,20 m, Naoufel coupe une étagère de 1,35 m.

Quelle longueur de planche reste-t-il ?

....

....

....

....

Consolidation

Remédiation

7 Les deux opérations sont fausses.
Trouve les erreurs et **corrige**-les.

		3	8,	2	8
+			5,	6	3
		4	3	9	1

	4	6	8,	0	
−	3	0	6,	7	
	1	6	2,	7	

Approfondissement

8 **Complète**.

	8	6,	.....	.....
+		.....,	5	4
	.....	5,	6	2

	5	6,	.....	.....
−	.....	8,	4	3
	2	.....,	3	9

22 Symétrie axiale et translation

Objectifs de l'apprentissage	Identifier les axes de symétrie d'une figure et les tracer. Tracer une figure symétrique par rapport à une droite. Utiliser les coordonnées pour déplacer et dessiner une figure par translation.
Calcul mental	**Suite de nombres décimaux.** Écrire : 0,92 ; 0,91 ; 0,90 ; l'élève écrit 0,89.

....

Construction du concept

Sur une feuille blanche, utilise l'équerre et le compas.

1 **Trace** le symétrique de la figure par rapport à la droite rouge.

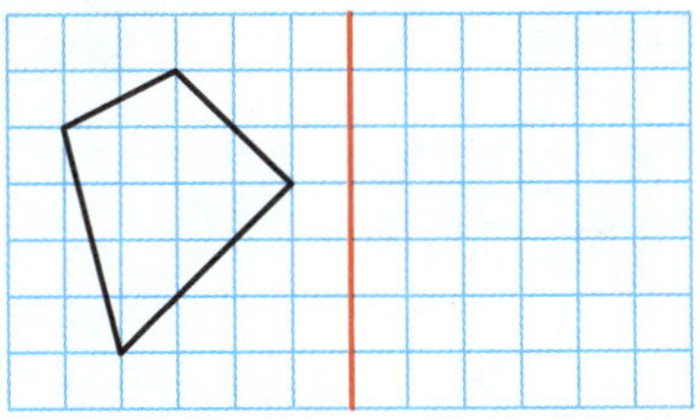

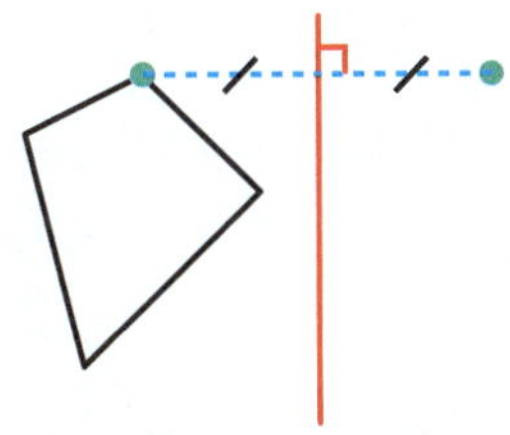

2 Voici le codage de la translation qui déplace le triangle orange vers le triangle vert : (D4 ; B2).
Dessine le triangle vert.

La translation (D5 ; H1) déplace le triangle vert vers le triangle bleu.
Dessine le triangle bleu.

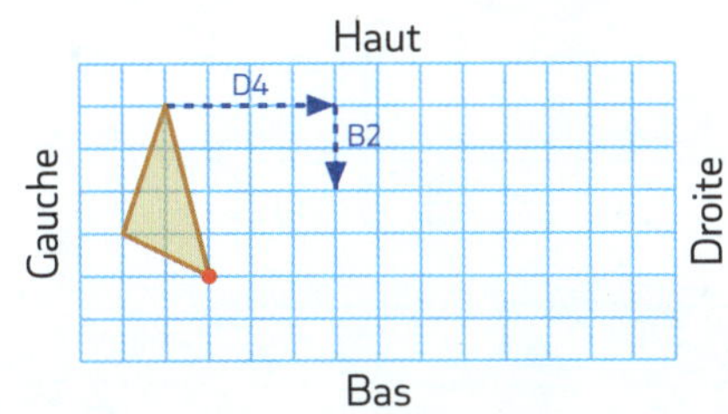

Activités de mathématisation

3 **Trace** le symétrique de la figure par rapport à la droite rouge.

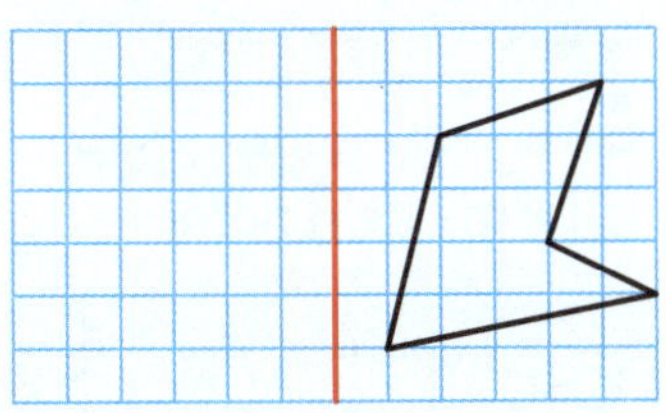

4 **Trace** le symétrique de la figure par rapport à la droite rouge.

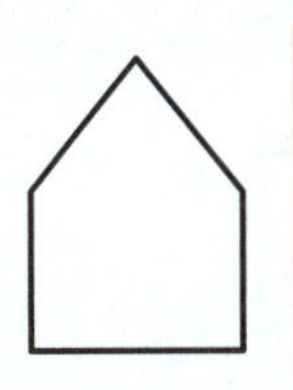

Évaluation formative

5 Voici le codage de la translation qui déplace la figure verte vers la figure jaune : (D5 ; H2).
Dessine la figure jaune.

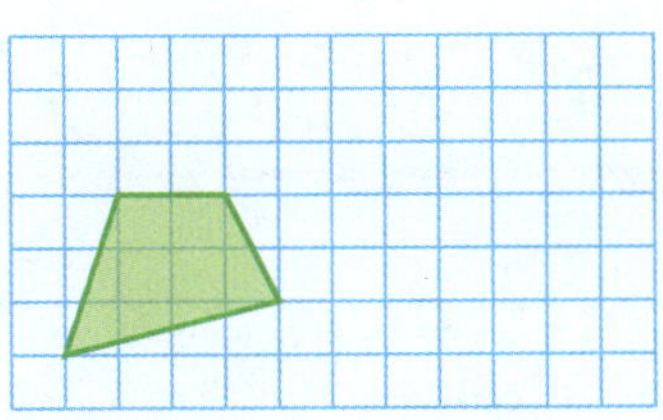

6 **Trace** le symétrique de la figure par rapport à la droite rouge.

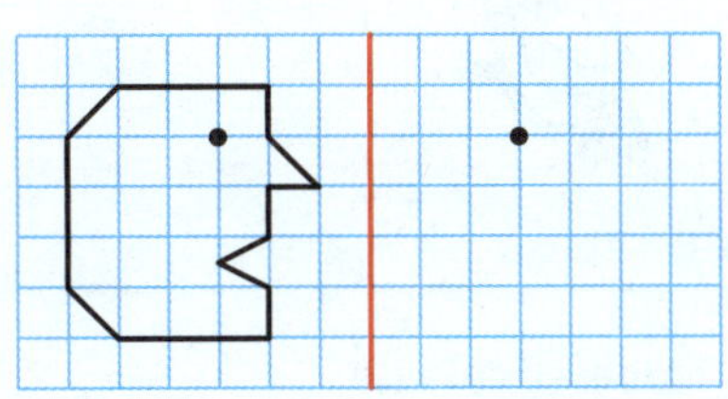

Consolidation

Remédiation

7 **Observe** ces trois figures.
Pour les figures symétriques, **trace** l'axe de symétrie.

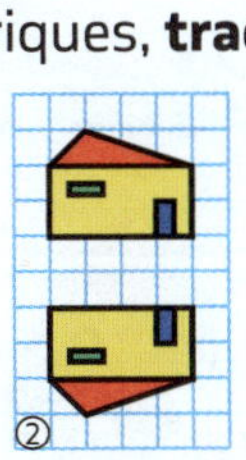

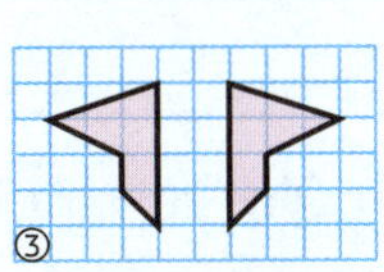

Laquelle a été obtenue par translation ? ....

Approfondissement

8 **Trace** le symétrique de la ligne verte.
La droite rouge est axe de symétrie.

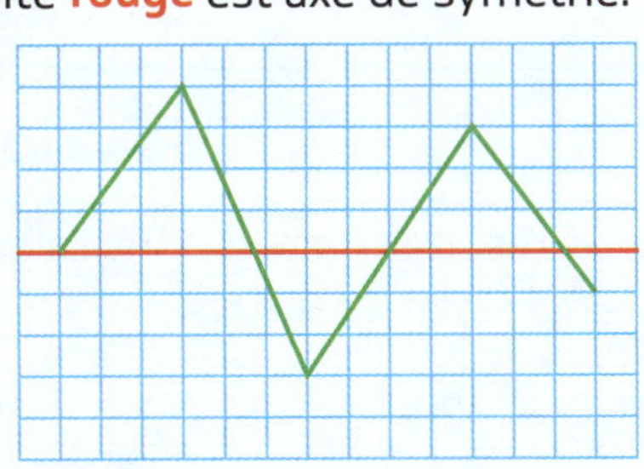

23 Multiplication posée des nombres décimaux

Objectifs de l'apprentissage	Calculer le produit de deux nombres décimaux. Exprimer un nombre fractionnaire par un nombre décimal, en particulier : $\frac{1}{2}$; $\frac{1}{4}$; $\frac{1}{5}$; $\frac{3}{4}$; $\frac{1}{10}$; $\frac{1}{100}$; $\frac{1}{1000}$.
Calcul mental	**Somme de petits nombres décimaux.** Écrire 1,5 + 0,6 ; l'élève écrit 2,1.

....

Construction du concept

132 = 132,0 = 132,00

1 Samia utilise sa calculatrice pour diviser un nombre par 10, puis par 100. **Complète.**

132 : 10 = ... 132 : 100 = ... 13,2 : 10 = ... 13,2 : 100 = ...

Lorsqu'on divise un nombre décimal par 10, on déplace la virgule de .... rang vers la ....

Lorsqu'on divise un nombre décimal par 100, on déplace la virgule de .... rangs vers la ....

2 Yanis calcule 1,435 × 28.

		1	4	3	5
×				2	8
	.....	.....	.....	8	0
+	.....	.....	.....	.....	.....
	.....	.....	.....	.....	.....

1,435 c'est 1 435 divisé par 1 000. Calcule d'abord 1 435 × 28, puis divise le résultat par 1 000.

1,435 × 28 = ...

3 Madhi calcule 2,83 × 5,6.

		2	8	3
×			5	6
+				

Calcule d'abord 283 × 56 puis divise le résultat par 1 000 car 283 c'est 2,83 × 100 et 56 c'est 5,6 × 10.

2,83 × 5,6 = ...

Activités de mathématisation

4 **Pose** et **calcule**.

4,3 × 1,75

C'est plus simple de poser 1,75 × 4,3.

×					
+					

5 **Écris** ces fractions sous la forme d'un nombre décimal.

$\frac{5}{10}$, c'est 5 divisé par 10.

$\frac{5}{10}$ = ... $\frac{1}{2} = \frac{.....}{10}$ = ...

$\frac{1}{5} = \frac{.....}{10}$ = ... $\frac{75}{100}$ = ...

$\frac{3}{4} = \frac{.....}{100}$ = ... $\frac{1}{4} = \frac{.....}{100}$ = ...

Évaluation formative

6 **Pose** et **calcule**.

2,64 × 3,5

×					
+					

7 **Calcule**.

$\frac{1}{10}$ = ... $\frac{1}{100}$ = ... $\frac{1}{1\,000}$ = ...

28 : 10 = ... 561,9 : 100 = ...

9 456 : 100 = ... 734 : 1 000 = ...

Consolidation

Remédiation

8 **Entoure** les résultats exacts sans calculer.

1,2 × 3,42 → 4,104 4 104 41,04

32 × 0,75 → 2,4 24,00 24

Approfondissement

9 **Encadre** suivant l'exemple : 6 < 6,3 < 7 et 2 < 2,8 < 3.

Donc : 6 × 2 < 6,3 × 2,8 < 7 × 3 → 12 < 6,3 × 2,8 < 21.

..... × ..... < 1,25 × 3,1 < ..... × ..... → ..... < 1,25 × 3,1 < .....

24 Mesures agraires

Objectifs de l'apprentissage	Reconnaître les unités agraires, les convertir en unités de mesure de surface. Mesurer des aires de polygones usuels en utilisant les unités de mesure agraires. Résoudre des situations-problèmes.
Calcul mental	**Différence entre deux petits nombres décimaux.** Écrire : 3,5 – 0,7 ; l'élève écrit 2,8.

....

Construction du concept

1 L'aire d'un champ, d'un étang ou d'une forêt, est souvent exprimée en hectares (ha).
Un hectare est l'aire d'un carré de 100 m de côté. Un are (a) est l'aire d'un carré de 10 m de côté. Le centiare (ca) est l'aire d'un carré de 1 m de côté.
Utilise le tableau ci-contre pour compléter ces égalités.

1 ha = ... hm^2 = ... m^2

1 a = ... dam^2 = ... m^2

1 ca = ... m^2

km^2		hm^2		dam^2		m^2	
		ha		a		ca	

On passe d'une unité d'aire agraire à sa voisine en multipliant ou divisant par 100.

Activités de mathématisation

2 PROBLÈME Un jardinier possède un jardin de 900 m^2 et un autre de 11 ares.
Quel est le jardin le plus grand ?
Quelle est l'aire totale, en m^2, des deux jardins ?
....
....
....

3 PROBLÈME Un champ rectangulaire a une longueur de 135 m et une largeur de 78 m.
Quelle est, en m^2, son aire ?
Exprime cette aire en ha.

....
....
....

Évaluation formative

4 **Complète.**

8 ha = ... m^2

120 a = ... m^2

800 ca = ... m^2

8 km^2 = ... ha

35 hm^2 = ... a

5 PROBLÈME Un parking est recouvert de 7 600 panneaux photovoltaïques. Chaque panneau a une aire de 2 m^2.
Quelle est l'aire totale, en m^2, des panneaux photovoltaïques ?
Exprime cette aire en ha et a.

....
....
....

Consolidation — Remédiation — Approfondissement

6 **Complète** avec les mots « *plus grand* » ou « *plus petit* ».
Le centiare (ca) est 100 fois
.... que l'are (a).
L'hectare (ha) est 100 fois
.... que l'are (a).

7 PROBLÈME Le parc Isesco de Casablanca est un carré de 200 m de côté. Le jardin botanique de Rabat couvre une surface de 17 ha.
Lequel de ces deux parcs est le plus étendu ?
....
....

B5 Bilan de l'unité 5

Évaluation sommative

1 PROBLÈME Une veste est vendue 500 Dh.
Au moment des soldes, son prix baisse de 20 %.
Quel est son nouveau prix ?

....

....

Utiliser un pourcentage.

2 La longueur des côtés d'un carré A est égale à 8 cm.
Quelle sera la longueur des côtés si on dessine ce carré :
– avec un coefficient d'agrandissement de 2 ? ....
– avec un coefficient de réduction de 25 % ? ....
Les angles sont-ils modifiés lors d'un agrandissement ou d'une réduction ? ....

Réaliser l'agrandissement et la réduction d'une figure.

3 **Construis** un losange de 7 cm de côté.
L'angle $\widehat{A}$ mesure 20°.

Construire un losange connaissant certains de ses éléments.

4 **Pose** et **calcule** : 23,5 – 8,56.

Calculer la différence de deux décimaux.

5 **Trace** le symétrique du triangle **vert** par rapport à la droite **rouge**.

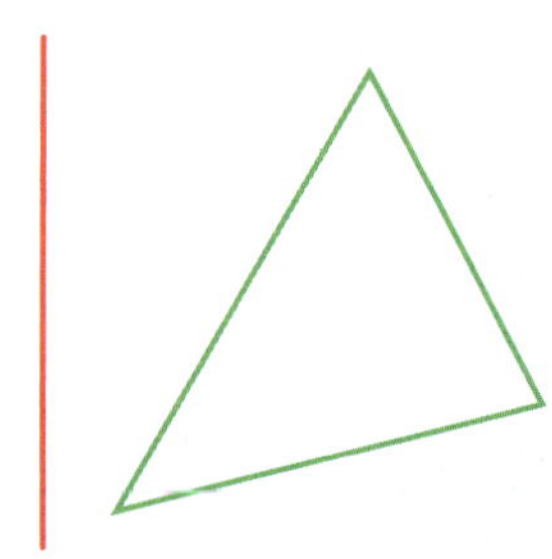

Tracer le symétrique d'une figure sur papier uni.

6 La translation (D3 ; H1) déplace le triangle **vert** vers le triangle **bleu**.
Dessine le triangle **bleu**.

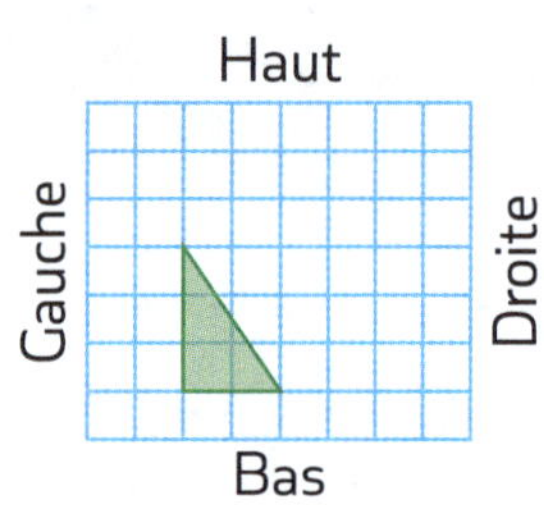

Utiliser les coordonnées pour effectuer une translation.

7 **Pose** et **calcule** :
2,45 × 1,8.

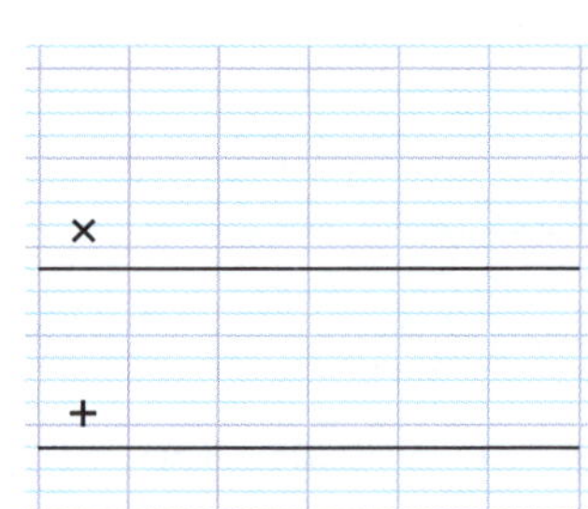

Calculer le produit de deux décimaux.

8 **Complète.**
1 a = ... m² 1 ha = ... a 1 ha = ... m² 2 000 m² = ... a = ... ha

Convertir des unités agraires.

Consolidation

1 **Observe** : 125 × 34 = 4 250.
Sans poser l'opération, **écris** les résultats de ces opérations.

125 × 3,4 = ...

125 × 0,34 = ...

12,5 × 3,4 = ...

2 **Termine** le calcul :
49,8 – 6,34.

	d	u	dixièmes	centièmes
	4	9 ,	8	10
–		6 ,	3 +1	4
=	.....	.....	.....	6

3 **Complète**.
Lors d'une réduction de 10 % :

– sur un prix de 100 Dh, le rabais est de .... Dh. On paiera : 100 Dh – .... Dh = ... Dh.

– sur un prix de 50 Dh, le rabais est de .... Dh. On paiera : 50 Dh – .... Dh = ... Dh.

– sur un prix de 150 Dh, le rabais est de .... Dh. On paiera : 150 Dh – .... Dh = ... Dh.

Synthèse

Opération sur les nombres décimaux

27,4 + 6,78 = 34,18

	①	①		
	2	7 ,	4	0
+		6 ,	7	8
	3	4 ,	1	8

97,4 – 28,16 = 69,24

	9	17 ,	4	10
–	2 +1	8 ,	1 +1	6
	6	9 ,	2	4

1,59 × 2,3 = 3,657

		1 ,	5	9
×			2 ,	3
		4	7	7
+	3	1	8	0
	3 ,	6	5	7

Pourcentages

	Casquette	Foulard
Ancien prix (Dh)	100	50
Rabais (Dh)	20	10

× 20 %

Nouveau prix = ancien prix – rabais

- Casquette : 100 Dh – 20 Dh = 80 Dh
- Foulard : 50 Dh – 10 Dh = 40 Dh

Figures géométriques

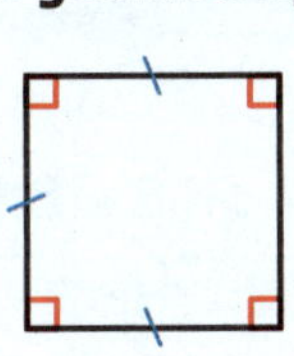

Un **carré**
(4 angles droits et 4 côtés de même longueur)

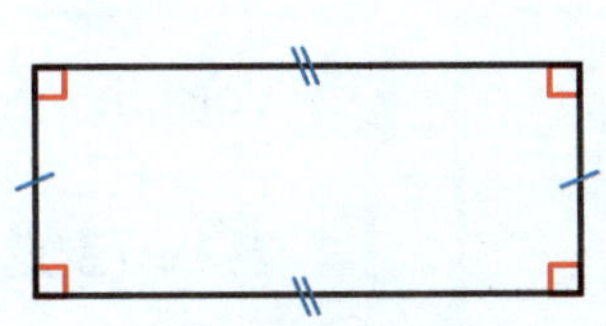

Un **rectangle**
(4 angles droits et les côtés opposés de même longueur)

Un **losange**
(angles opposés égaux et 4 côtés de même longueur)

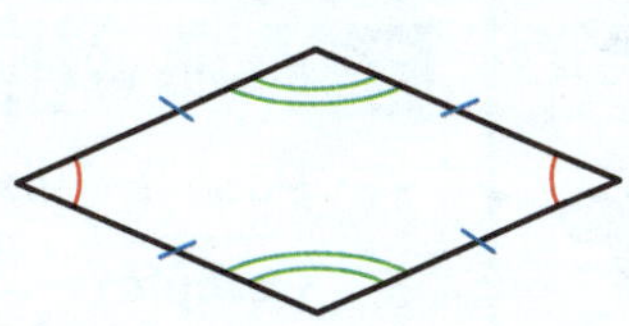

Construction du symétrique d'une figure sur papier uni

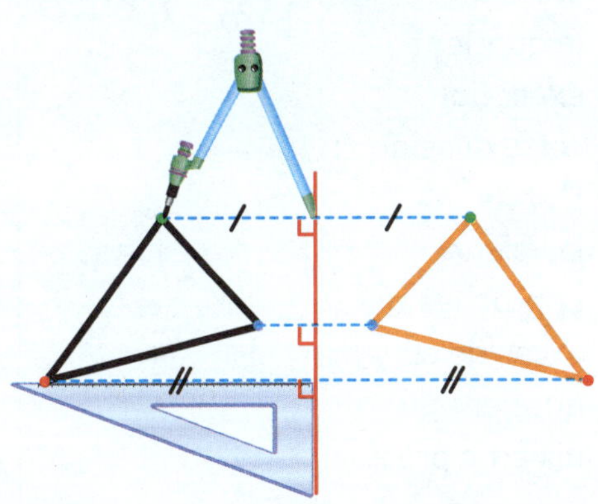

25 Division euclidienne des nombres entiers

Objectifs de l'apprentissage	Utiliser la technique usuelle pour calculer le quotient et le reste d'une division euclidienne de deux nombres entiers. Calculer le quotient décimal de deux nombres entiers et en donner la valeur approchée par défaut ou par excès.
Calcul mental	**Quotient exact.** Dire : « En 72, combien de fois 8 ? » ; l'élève écrit 9.

....

Construction du concept

1 Dans la division de 157 par 6, combien de chiffres le quotient aura-t-il ? **Complète**.

$6 \times 10 < 157 < 6 \times 100$: le quotient est compris entre 10 et 100 ;

le quotient aura donc ...... chiffre(s).

Termine la division.

Vérifie-la en complétant l'égalité. 157 = (...... × 6) + ...

```
  1 5 7 | 6
- 1 2   | 2 ......
  0 3 7
-  ......
   ......
```

2 **Calcule** le quotient au centième près de 59 divisé par 7.

Vérifie cette division en complétant l'égalité. 59 = (...... × 7) + ...

Complète le tableau.

Valeur approchée du quotient	au dixième près	à l'unité près
→ par défaut	....	....
→ par excès	....	....

```
5 9 | 7
```

Activités de mathématisation

3 **Trouve** le quotient exact, puis **complète**.

```
2 3 2 | 8
```

```
4 1 | 5
```

4 Le quotient exact de 843 divisé par 8 est 105,375.
Vérifie-le sur ton cahier d'essai.
Complète le tableau.

Valeur approchée du quotient	au centième près	au dixième près
→ par défaut	....	....
→ par excès	....	....

Évaluation formative

5 **Trouve** le quotient exact de cette division.
Donne la valeur approchée par excès de ce quotient au dixième près.
....

```
1 6 7 | 4
```

Consolidation

Remédiation

6 Voici des égalités :

95 = (11 × 8) + 7 95 = (11,8 × 8) + 0,6

212 = (302 × 7) + 8 212 = (30,2 × 7) + 0,6

Vérifie-les en posant les divisions sur ton cahier d'essai, puis **entoure** les égalités vraies.

Approfondissement

7 Quelle est la valeur de la fraction $\frac{892}{5}$?

Pose la division sur ton cahier d'essai.

Complète. $\frac{892}{5}$ = ...

26 Mesure des capacités

....	....	....	....	....

Objectifs de l'apprentissage	Faire des conversions du litre, de ses multiples et sous-multiples. Comparer, ranger et encadrer des mesures de capacité exprimées en différentes unités. Estimer la capacité de différents récipients. Résoudre les situations-problèmes.
Calcul mental	**Utilisation des parenthèses.** Écrire : (9 – 3) × 4 ; l'élève écrit 24.

Construction du concept

1 Le camion de la coopérative collecte 2 hL 5 daL dans la première ferme et 6,4 daL dans la seconde.

Combien de litres de lait a-t-il collectés ?

Convertis, puis **calcule**.

kL	hL	daL	L	dL	cL	mL

2 hL 5 daL = ... L 6,4 daL = ... L ....

Écris une phrase réponse. ....

2 Voici la recette d'un cocktail. **Entoure** le récipient qui pourra contenir ce cocktail.

- 40 cL de jus d'ananas
- 24 cL de jus de goyave
- 8 cL de grenadine

70 cL

600 mL

9 dL

Activités de mathématisation

3 **Convertis**.

1,02 hL = ... L 13,7 dL = ... mL 25 cL = ... L 15 L = ... daL

4 PROBLÈME Pour remplir sa piscine, Myriam a versé 10 arrosoirs d'eau de contenance 9 L 60 cL.

Combien de litres d'eau a-t-elle versés ?

....

....

Évaluation formative

5 **Convertis**.

800 cL = ... L 120 mL = ... L 15,5 mL = ... dL 17,5 L = ... hL

6 PROBLÈME Pour son anniversaire, Ahmed a acheté 1,5 L de cola et 4 bouteilles de 75 cL de jus de fruits.

Calcule, en L, la quantité totale de boissons.

....

....

Consolidation

Remédiation

7 **Colorie** de la même couleur les étiquettes qui indiquent la même contenance.

0,75 L	750 L	75 cL
7,50 L	750 mL	75 dL

Approfondissement

8 PROBLÈME Après la course, Aya a bu 200 mL d'eau, Nour $\frac{3}{10}$ de L et Sofia $\frac{1}{4}$ de L.

Qui a bu la plus grande quantité d'eau ?

....

27 Le prisme et le cylindre droits : patrons

Objectifs de l'apprentissage	Reconnaître les différents prismes droits d'après leur patron et les construire. Reconnaître le cylindre droit et ses différents éléments. Construire le patron, puis faire le montage du cylindre droit.
Calcul mental	**Multiplication d'un décimal par 10, par 100.** Dire : « 8,3 × 100 » ; l'élève écrit 830.

....

Construction du concept

1 **Observe** ces quatre solides, ce sont des prismes droits. Lesquels reconnais-tu ?
Relie chaque solide à son patron.

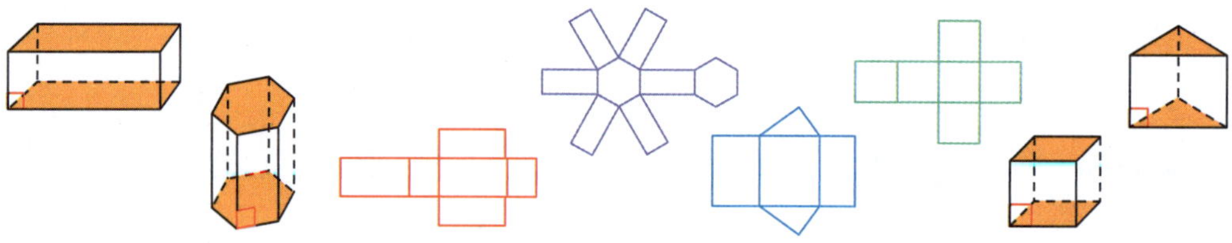

2 **Observe** le solide **vert** et son patron. **Quel est son nom ?** ....

Quelle est la forme : **– de ses bases ?** ....

– de sa surface latérale ? ....

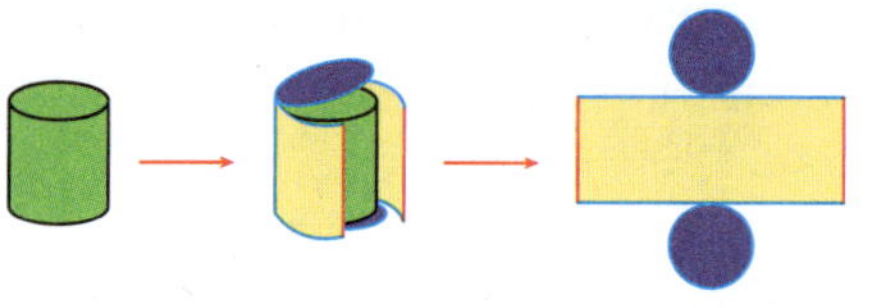

Activités de mathématisation

3 **Observe** ces figures.
Entoure celle qui est un patron de prisme.

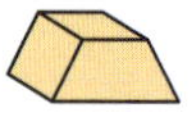

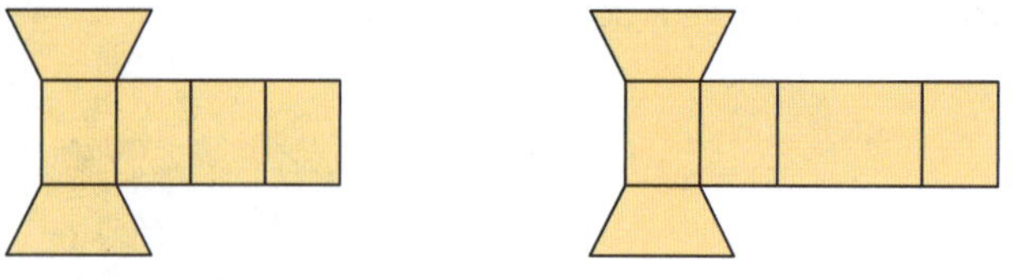

4 **Observe** ces figures.
Entoure celle qui est un patron de cylindre.

Évaluation formative

5 **Observe** ces figures.
Entoure celle qui est un patron de prisme.

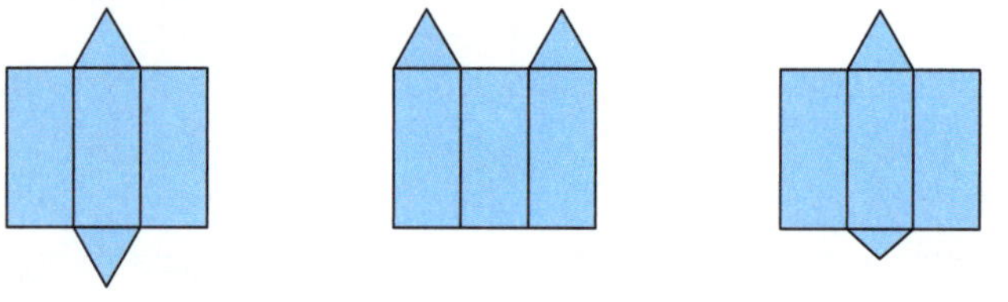

6 **De quel solide suis-je le patron ?**

....

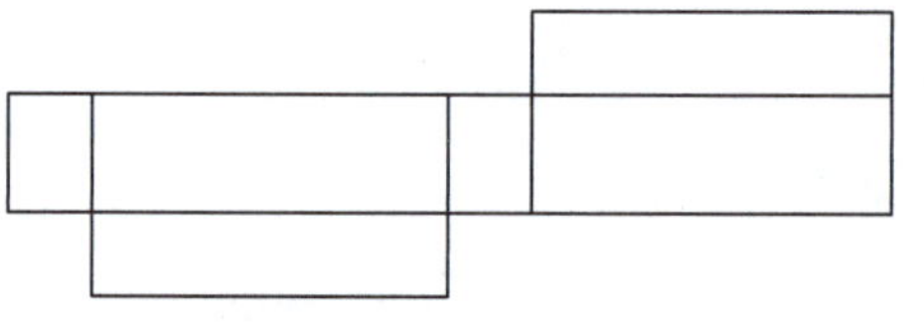

Colorie les faces opposées de la même couleur.

Consolidation

Remédiation — Approfondissement

7 **Vrai ou faux ?**

- Le patron d'un prisme droit n'est formé que de triangles. ....
- Les bases d'un prisme droit sont superposables et parallèles. ....
- Le patron d'un cylindre est formé de deux disques et d'un rectangle. ....

8 **Trace** sur ton cahier d'essai le patron d'un cube.
Ses arêtes mesurent 6 carreaux.
Colorie les faces opposées de la même couleur.

28 Organisation et traitement des données (3)

Objectifs de l'apprentissage	Résoudre des problèmes en lisant et interprétant les données d'un tableau ou d'un graphique à colonnes ou à lignes brisées.
Calcul mental	**Reste d'une division par 10, par 100.** Dire : « Quel est le reste de 58 divisé par 10 ? » ; l'élève écrit 8.

....

Construction du concept

1 Nader souhaite skier cet hiver à la station d'Oukaimeden avec sa femme et ses deux enfants.

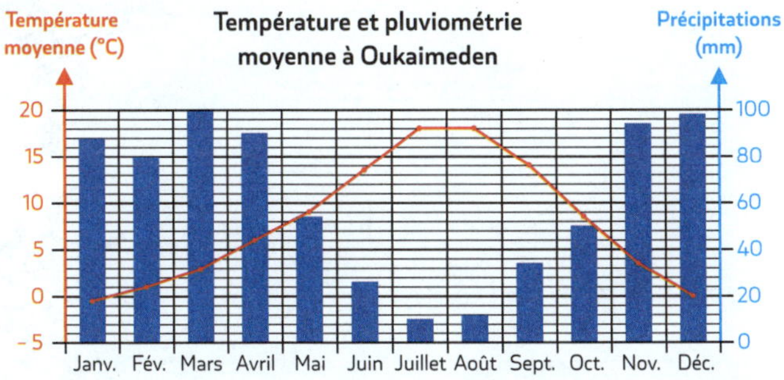

Horaires de la station	Prix du forfait de ski	Location de matériel par jour
10 h à 16 h 30	20 Dh par remontée 50 Dh la demi-journée 100 Dh la journée	150 Dh

À cette altitude, lors d'une précipitation, il neige si la température est inférieure à 2 °C.

Durant quels mois neige-t-il dans cette station ? ....

La famille de Nader achète les forfaits et loue le matériel pour une journée et demie de ski.

Combien paie-t-elle ? ....

....

Activités de mathématisation

2 La famille de Nader passe aussi ses vacances d'été dans un chalet d'Oukaimeden. Elle part en vacances le mois le moins pluvieux.

Quel est ce mois ? ....

Combien va-t-elle payer pour un séjour d'une semaine ?

....

....

Nuitée (hiver)	
Adulte	230 Dh
Enfant	120 Dh
Nuitée (été)	
Adulte	140 Dh
Enfant	70 Dh

Évaluation formative

3 **Réponds** par **vrai** ou **faux** en utilisant les documents de l'exercice 1 et de l'exercice 2.

- Il pleut moins en automne qu'en hiver. ....
- La température moyenne est la même en juillet et en août. ....
- Un couple paie 210 Dh pour passer une nuitée dans un chalet en été. ....

Consolidation

Remédiation

4 PROBLÈME **Pour la famille de Nader, quelle est la différence de prix entre une nuitée l'été et une nuitée l'hiver ?**

....

Approfondissement

5 PROBLÈME **En tenant compte de l'hébergement et d'un budget de 1 500 Dh pour la nourriture, combien coûte une semaine de ski au chalet d'Oukaimeden pour la famille de Nader ?**

....

29 Les nombres fractionnaires : calcul

Objectifs de l'apprentissage	Calculer la somme, la différence, la multiplication et la division de nombres fractionnaires n'ayant pas le même dénominateur. Utiliser les propriétés des opérations pour trouver le résultat d'écritures composées. Résoudre des situations-problèmes.
Calcul mental	**Proportionnalité** Dire : « 2 stylos coûtent 50 Dh, combien coûtent 4 stylos ? » ; l'élève écrit 100 Dh.

....

Construction du concept

Pour additionner ou soustraire deux fractions, il faut qu'elles aient le même dénominateur. Utilise le plus petit multiple commun.

1 **Calcule.**

$2 + \frac{5}{10} = \frac{\ldots}{10} + \frac{5}{10} = \ldots$ | $\frac{5}{4} + \frac{2}{3} = \frac{\ldots}{12} + \frac{\ldots}{\ldots} = \ldots$

$6 - \frac{3}{2} = \frac{\ldots}{2} - \frac{3}{2} = \ldots$ | $\frac{7}{5} - \frac{3}{2} = \frac{\ldots}{10} + \frac{\ldots}{\ldots} = \ldots$ | $\frac{1}{4} + \frac{5}{2} + \frac{3}{5} = \frac{\ldots}{20} + \frac{\ldots}{\ldots} + \frac{\ldots}{\ldots} = \ldots$

2 **Calcule.**

Réduis les fractions quand tu le peux. Utilise le plus grand diviseur commun.

$\frac{7}{2} \times \frac{3}{4} = \frac{7 \times \ldots}{2 \times \ldots} = \frac{\ldots}{\ldots}$ | $\frac{4}{7} \div \frac{2}{5} = \frac{4}{7} \times \frac{\ldots}{\ldots} = \frac{4 \times \ldots}{7 \times \ldots} = \frac{\ldots}{\ldots} = \frac{\ldots}{\ldots}$

3 **Calcule.**

La multiplication est prioritaire sur l'addition ou sur la soustraction.

$\frac{1}{2} \times \frac{4}{3} + \frac{2}{5} = \frac{4 \times \ldots}{2 \times \ldots} + \frac{\ldots}{\ldots} = \ldots\ldots\ldots\ldots$

Activités de mathématisation

4 **Calcule** sur ton cahier d'essai.
Réduis les fractions quand tu le peux, puis **écris** le résultat.

$\frac{3}{5} + \frac{1}{2} + \frac{4}{10} = \ldots\ldots$ | $\frac{4}{3} \div 6 = \ldots\ldots$

$\frac{8}{9} - \frac{2}{3} = \ldots\ldots$ | $\frac{7}{2} - \frac{5}{3} \times \frac{1}{4} = \ldots\ldots$

5 PROBLÈME Un gâteau pèse 200 g.
Bilal en mange $\frac{2}{5}$ et Inès $\frac{1}{4}$.
Quelle masse de gâteau reste-t-il ?

....
....
....

Évaluation formative

6 **Calcule** sur ton cahier d'essai. **Réduis** les fractions quand tu le peux, puis **écris** le résultat.

$\frac{7}{4} + \frac{5}{3} = \ldots$ $\frac{7}{3} - \frac{4}{5} = \ldots$ $\frac{5}{4} \times \frac{2}{3} = \ldots$ $\frac{4}{5} \div \frac{3}{7} = \ldots$ $\frac{1}{4} + \frac{2}{3} \times \frac{5}{2} = \ldots$

7 PROBLÈME Ali boit les $\frac{3}{5}$ d'une canette de soda de 25 cL et en renverse $\frac{1}{4}$.

Quelle quantité de soda reste-t-il dans la canette ? ....
....

Consolidation

Remédiation

8 Pour calculer $\frac{4}{5} - \frac{2}{3} \times \frac{1}{5}$,
– **commence** par la multiplication : $\frac{2}{3} \times \frac{1}{5} = \frac{\ldots}{\ldots}$,
– **termine** par la soustraction : $\frac{4}{5} - \frac{\ldots}{\ldots} = \frac{\ldots}{\ldots}$.

Approfondissement

9 **Calcule.**

$\frac{3}{4} + \frac{5}{6} \times \frac{2}{3} + \frac{1}{3} = \ldots\ldots\ldots\ldots$

$\frac{3}{8} \times \frac{2}{3} \div \frac{3}{4} = \ldots\ldots\ldots\ldots$

30 Le prisme et le cylindre droits : surfaces

Objectifs de l'apprentissage	Découvrir, à travers les patrons de cylindres ou de prismes droits, leur surface latérale et leur surface totale. Calculer la surface latérale et la surface totale d'un cylindre et d'un prisme droit. Résoudre des situations-problèmes.
Calcul mental	**Complément à l'unité supérieure.** Écrire : 8,6 + ... = 9 ; l'élève écrit 0,4.

....

Construction du concept

1 **Observe** le cylindre droit et son patron. Tu sais que sa surface latérale est un rectangle, dont la longueur correspond au périmètre de la base.

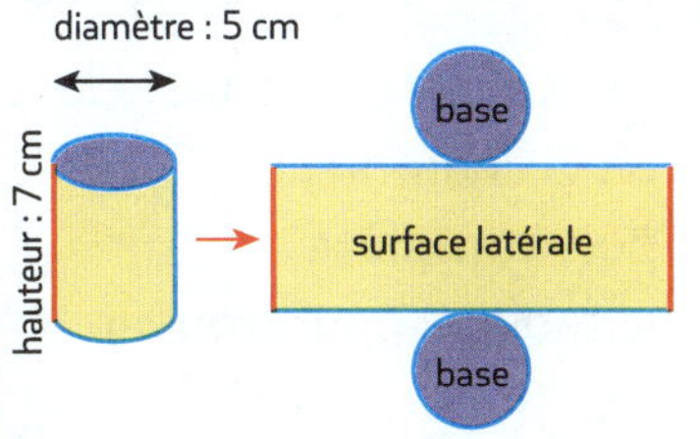

Calcule cette longueur. ....

Ayoub calcule l'aire de la surface latérale de ce cylindre droit.

Complète la règle de calcul. $A_{\text{Latérale}}$ = périmètre de la base × ....

Calcule, avec cette règle, l'aire de cette surface latérale : ....

2 Samira calcule l'aire de la surface totale de ce cylindre droit.

Complète la règle de calcul. $A_{\text{Totale}} = A_{\text{Latérale}} + 2 \times$ ....

Calcule, avec cette règle, l'aire de la surface totale : ....

3 Ahmed calcule l'aire de la surface totale de ce prisme droit.

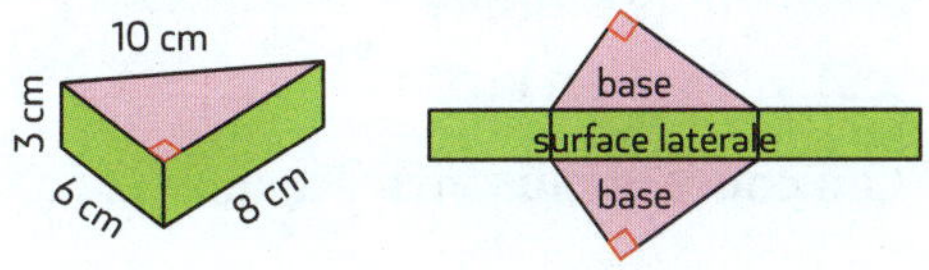

Complète la règle de calcul. $A_{\text{Totale}} = A_{\text{Latérale}} + 2 \times$ ....

Calcule, avec cette règle, l'aire de la surface totale : ....

Activités de mathématisation

4 **Observe** cette figure.
Calcule son aire latérale et son aire totale.

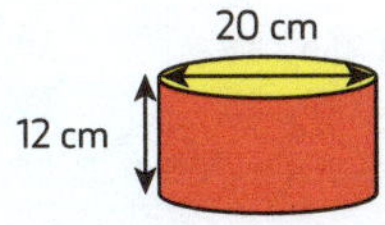

$A_{\text{Latérale}}$ = ...

A_{Totale} = ...

5 **Calcule** l'aire latérale et l'aire totale d'un cube dont l'arête mesure 23 cm.

$A_{\text{Latérale}}$ = ...

A_{Totale} = ...

Évaluation formative

6 **Calcule** l'aire totale de ce pavé droit.

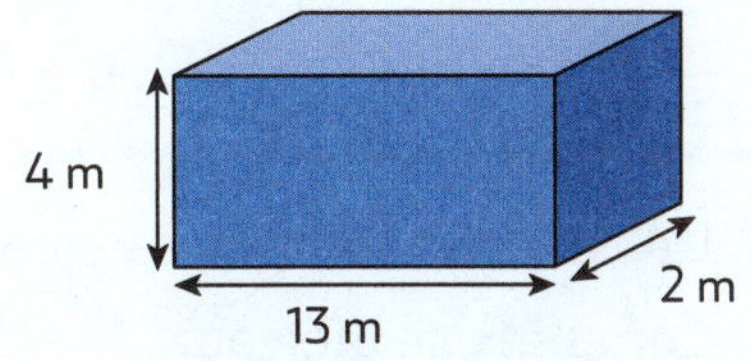

....

....

....

Consolidation

Remédiation

7 **Entoure** la formule qui permet de calculer l'aire latérale du cylindre.

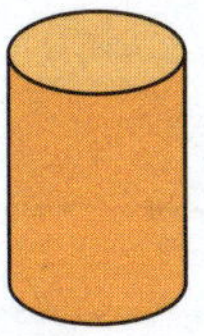

Diamètre × π × hauteur

Rayon × π × hauteur

Approfondissement

8 PROBLÈME **Quelle est la surface de tôle nécessaire pour fabriquer une boîte de conserve cylindrique de 12 cm de haut et 8 cm de diamètre ?**

....

....

31 La proportionnalité : échelle, vitesse moyenne

Objectifs de l'apprentissage	Reconnaître le concept d'échelle. Calculer la distance réelle et la distance sur un plan ou sur une carte. Utiliser la vitesse moyenne pour calculer la distance et la durée.
Calcul mental	**Pourcentages.** Dire : « 10 % de 70 » ; l'élève écrit 7.

....

Construction du concept

Salim a dessiné ce plan en divisant toutes les dimensions réelles par 100.

1 Salim a dessiné le plan de sa chambre à l'échelle $\frac{1}{100}$.

Sur ce plan, **mesure** la longueur et la largeur de la chambre, puis **complète** le tableau pour trouver les dimensions réelles de sa chambre.

	Largeur	Longueur
Dimensions sur le plan (cm)	....	....
Dimensions réelles (cm)	....	....
Dimensions réelles (m)	....	....

× 100

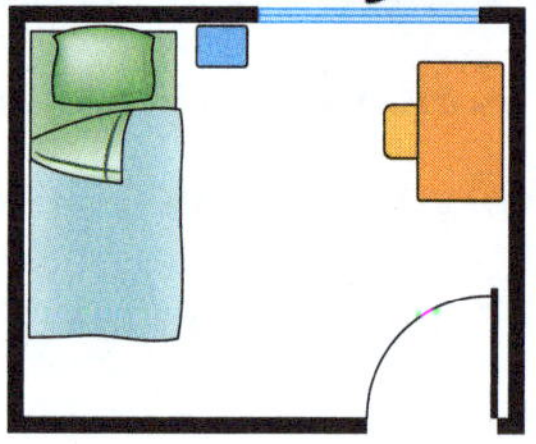

Trace, sur ton cahier, le plan de cette chambre à l'échelle $\frac{1}{50}$.

Par rapport au plan de Salim, la chambre que tu viens de tracer est : ☐ plus grande ☐ plus petite.

2 **Calcule**, en km, la distance que pourrait parcourir chaque animal en 1 h, puis **indique** leur vitesse en km/h.

Une girafe parcourt 1 km en 1 min. → .... km/h

Une gazelle parcourt 3 km en 2 min. → .... km/h

Un éléphant parcourt 15 km en $\frac{1}{2}$ h. → .... km/h

Qui court le plus vite ? ....

km/h signifie kilomètre par heure.

Activités de mathématisation

3 Voici les dimensions réelles d'une voiture.

Younes construit une maquette de cette voiture à l'échelle $\frac{1}{50}$.

Complète ce tableau pour trouver les dimensions de la maquette.

	Largeur	Longueur	Hauteur
Dimensions réelles de la voiture (mm)	....	....	....
Dimensions de la maquette (mm)	....	....	....

÷ ....

Par quel nombre dois-tu diviser les dimensions réelles de la voiture pour trouver les dimensions réduites de la maquette ?

Évaluation formative

4 Un ULM vole à la vitesse moyenne de 80 km/h.

Complète ce tableau.

Durée (h)	1	$\frac{1}{2}$	......	2
Distance (km)	80	......	20	......

5 À l'échelle $\frac{1}{20}$, une maquette de bateau mesure 46 cm de long, 21 cm de large et 17 cm de haut.

Quelles sont les dimensions réelles du bateau ?

....

....

Consolidation

Remédiation — Activité dans le guide pédagogique

Approfondissement — Activité dans le guide pédagogique

32 Mesure des aires latérale et totale de solides droits

Objectifs de l'apprentissage	Calculer les surfaces latérale et totale d'un cylindre droit et d'un prisme droit. Résoudre des situations-problèmes.
Calcul mental	**Vitesse.** Dire : « Un piéton marche à 6 km/h. Quelle distance parcourt-il en 1 h 30 min ? » ; l'élève écrit 9 km.

....

Construction du concept

1 **Utilise** les règles étudiées en leçon 30 pour calculer :

– l'aire latérale d'un solide droit : $A_{Latérale}$ = périmètre de la base × hauteur

– l'aire totale d'un solide droit : $A_{Totale} = A_{Latérale}$ + 2 × aire de la base

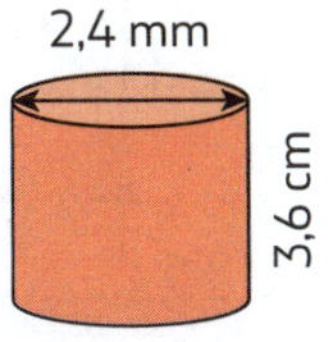

$A_{Latérale}$ = ...

A_{Totale} = ...

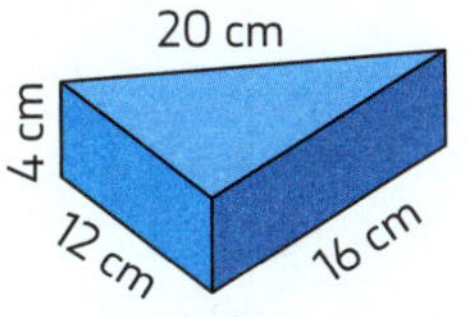

$A_{Latérale}$ = ...

A_{Totale} = ...

Activités de mathématisation

2 **Complète** ce tableau.
Fais les calculs sur ton cahier d'essai.

Pavés droits	Pavé 1	Pavé 2
Longueur	15 cm	5 m
Largeur	12 cm	2,5 m
Hauteur	6 cm	70 cm
Aire latérale	....	....
Aire totale	....	....

3 PROBLÈME Une boîte de conserve est entourée d'une étiquette en papier. **Calcule** l'aire de la surface de papier utilisé pour cette étiquette.

....

....

....

....

....

Évaluation formative

4 PROBLÈME Inès a coupé dans un tronc d'arbre un cylindre dont les dimensions sont les suivantes : h = 6 m ; diamètre = 1 m. Elle arrache l'écorce.

Quelle surface d'écorce doit-elle enlever ?

....

....

5 PROBLÈME Younes doit traiter la surface totale d'une poutre en forme de pavé droit : L = 2 m ; l = 20 cm ; h = 15 cm.

Quelle surface, en cm², doit-il traiter ?

....

....

Consolidation

Remédiation

6 **Entoure** la bonne formule pour calculer l'aire latérale d'un prisme.

Périmètre de la base × hauteur

Largeur × largeur × hauteur

Approfondissement

7 PROBLÈME Une cabane est soutenue par 4 piliers cylindriques de 20 cm de diamètre et de 3 m de hauteur. Un pot permettant de peindre 10 m² vaut 30 Dh.

Quelle sera la dépense d'Aya pour peindre ces piliers ?

....

....

B6 Bilan de l'unité 6

Évaluation sommative

1 **Trouve** le quotient exact de cette division.

Donne la valeur approchée par défaut de ce quotient au centième près.

....

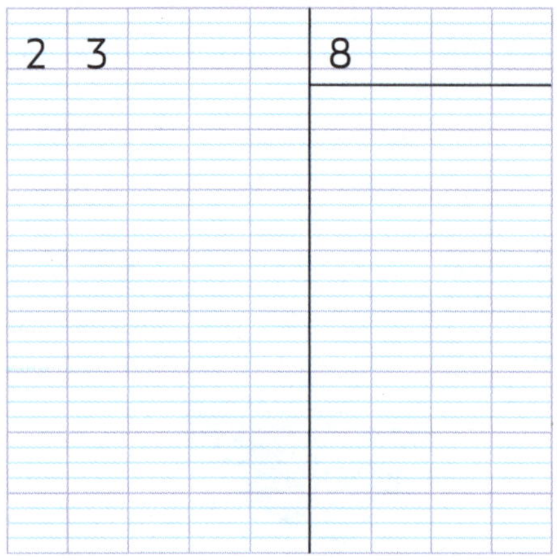

Calculer un quotient décimal.

2 **Convertis** en litres.

150 cL = ... L

250 mL = ... L

48,5 daL = ... L

3,5 hL = ... L

Convertir en litres.

3 Samia prépare un cocktail en versant 4 dL de jus d'orange, 240 mL de jus d'ananas et 8 cL de jus de citron vert.
Calcule, en L, la quantité totale de ce cocktail.

....

....

Résoudre un problème de mesures de capacité.

4 **Relie** chaque solide à son patron.

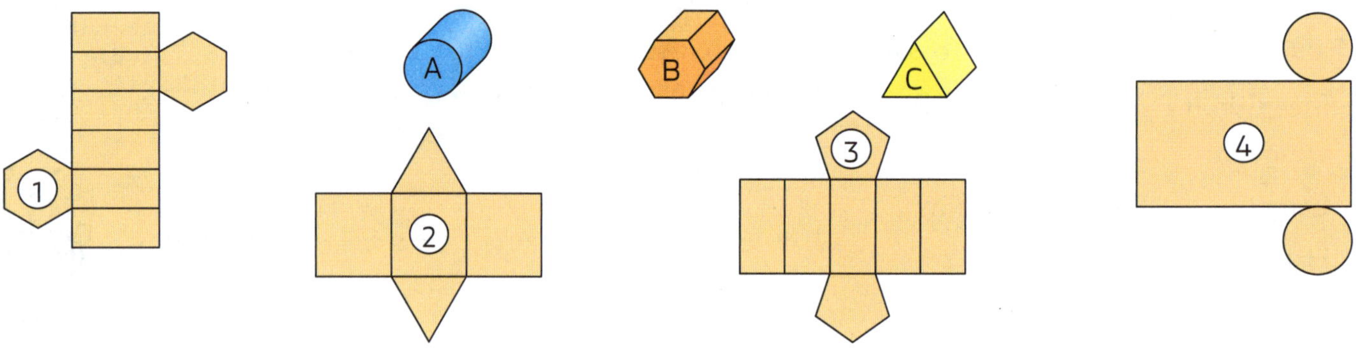

Reconnaître un patron de prisme droit.

5 **Calcule** sur ton cahier d'essai. **Réduis** les fractions quand tu le peux, puis **écris** le résultat.

$\frac{3}{4} + \frac{9}{2} =$ .... $\frac{5}{3} - \frac{2}{5} =$ .... $\frac{3}{5} \times \frac{4}{7} =$ .... $\frac{9}{5} \div \frac{2}{3} =$ .... $\frac{1}{2} + \frac{1}{3} \times \frac{1}{4} =$ ....

Calculer la somme, la différence, la multiplication et la division de nombres fractionnaires.

6 **Quelle surface minimale de papier faut-il pour emballer ce cadeau ?**

....

....

....

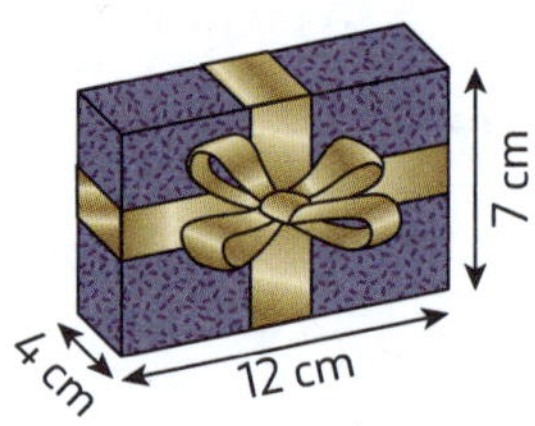

Calculer l'aire totale de la surface d'un pavé droit.

7 Une tortue parcourt 50 m en 10 min.
Quelle est sa vitesse moyenne, exprimée en km/h ?

....

....

....

Calculer la vitesse moyenne.

Consolidation

1 Pour calculer l'aire totale de la surface d'un cylindre droit, on découpe le solide pour obtenir son patron.
Il est formé d'un rectangle et de deux disques.

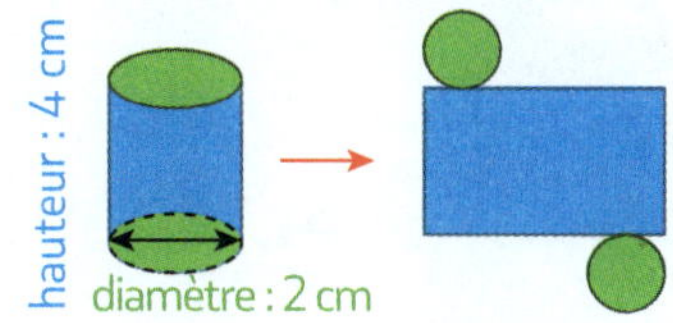

- **Calcule** d'abord l'aire latérale du cylindre (le rectangle) :

$A_{Latérale}$ = L × l = **circonférence de la base** × **hauteur** = **2 cm** × **3,14** × **4 cm** = ... cm²

- **Calcule** ensuite l'aire de la base (le disque) :

A_{Base} = 3,14 × r × r = 3,14 × .... cm × .... cm = ... cm²

r = rayon
C'est la moitié du diamètre.

- **Calcule** enfin l'aire totale de la surface du cylindre droit :

A_{Totale} = $A_{Latérale}$ + 2 × A_{Base} = ...

Calculer l'aire totale de la surface d'un cylindre droit.

2
- Un avion de ligne vole à 800 km/h pendant 3 h.

Quelle est la distance parcourue ?

800 × 3 = ...   *Il parcourt .... km en 3 heures.*

Il parcourt 800 km en 1 h, donc, en 3 h, il en parcourt 3 fois plus.

- Zahia a parcouru 240 km à la vitesse de 80 km/h.

Quelle est la durée du trajet ?

240 ÷ 80 = ...   *Elle a parcouru 240 km en ...... h.*

Comme elle parcourt 80 km en 1 h, je cherche combien de fois il y a 80 dans 240.

Calculer une durée ou une distance connaissant la vitesse moyenne.

Synthèse

Valeur approchée par défaut ou par excès

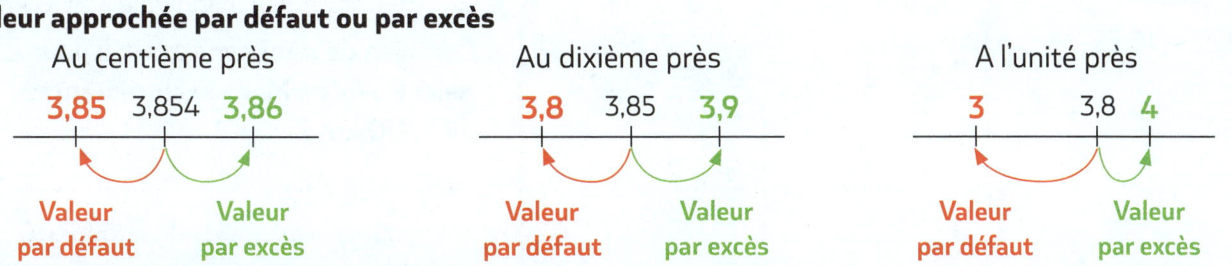

Calcul du quotient décimal au centième près

Je calcule la partie entière du quotient.

```
  4 3 | 7
- 4 2 | 6
    1 |
```

Il reste 1, je continue…

Je convertis 1 unité en 10 **dixièmes**. Je divise les 10 dixièmes par 7.

```
      dixièmes
  4 3   |  7
- 4 2   |  6,1
    1 0 |
  -   7 |
      3 |
```

Il reste 3 dixièmes, je continue…

Je place la virgule au quotient pour écrire sa partie décimale.

Je convertis 3 dixièmes en 30 **centièmes**. Je divise les 30 centièmes par 7.

```
        centièmes
  4 3     |  7
- 4 2     |  6,14
    1 0   |
  -   7   |
      3 0 |
    - 2 8 |
        2 |
```

Il reste 2 centièmes, j'arrête la division.
43 = (6,14 × 7) + 0,02

S2 Évaluation semestrielle (2)

Nombres et calculs

Objectifs des apprentissages	Évaluation
1. Poser et effectuer une multiplication de nombres entiers.	
2. Poser et effectuer une multiplication de nombres décimaux.	
3. Effectuer une division euclidienne de nombres entiers avec un quotient décimal.	
4. Poser et effectuer une soustraction de nombres décimaux.	
5. Calculer avec les nombres fractionnaires.	
6. Résoudre un problème de proportionnalité : vitesse moyenne.	

1 **Pose** et **calcule**.

6 329 × 425

2 **Pose** et **calcule**.

6,36 × 2,7

3 **Trouve** le quotient exact.

2 8 3 | 5

4 **Pose** et **calcule**.

37,7 – 16,39

5 **Calcule**.

$\frac{6}{5} + \frac{3}{4} =$ ......

$\frac{3}{5} \times \frac{2}{7} =$ ......

$\frac{8}{3} - \frac{2}{5} =$ ......

$\frac{5}{7} \div \frac{2}{3} =$ ......

6 PROBLÈME Un avion vole à 800 km/h.

Combien de temps mettra-t-il pour relier Dakhla à Marrakech, distantes de 1 200 km ?

....

....

Géométrie

Objectifs des apprentissages	Évaluation
7. Réduire une figure en utilisant un coefficient.	
8. Tracer le symétrique d'une figure.	
9. Calculer la surface latérale et la surface totale d'un prisme droit.	
10. Construire un rectangle connaissant certains de ses éléments.	

7 **Trace** la nouvelle figure en utilisant un coefficient de réduction de 50 %.

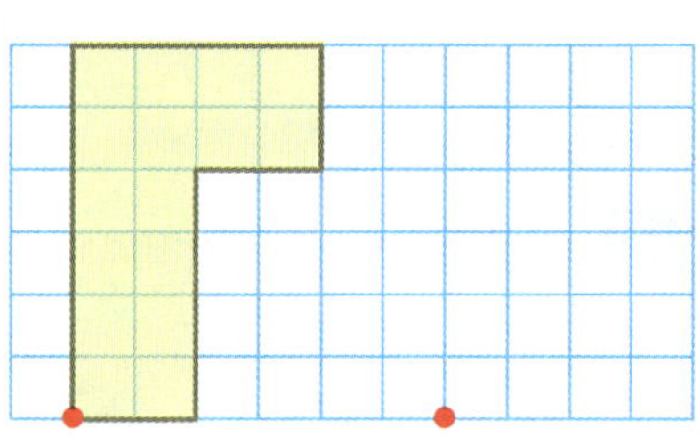

8 **Trace** le symétrique de la figure par rapport à la droite rouge.

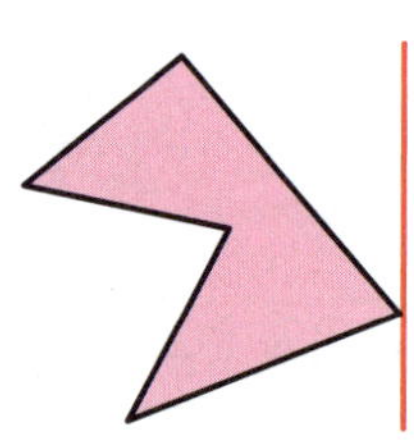

9 **Calcule** l'aire latérale et l'aire totale d'un cube dont l'arête mesure 36 cm.

$A_{Latérale}$ = ...

....

A_{Totale} = ...

....

10 **Termine** la construction de ce rectangle de 7,5 cm de long et de 1,5 cm de large.

Mesures

Objectifs des apprentissages	Évaluation
11. Convertir des mesures agraires.	
12. Convertir des mesures de capacités.	
13. Calculer des aires et des périmètres.	

11 **Complète.**

50 hm^2 = ... ha   5 ha = ... m^2 5 a = ... m^2 5 km^2 = ... ha

12 **Complète.**

500 cL = ... L   500 mL = ... L   50,5 mL = ... dL   50,5 L = ... hL

13 **Calcule** l'aire, puis le périmètre de la figure jaune.

....

....

....

....

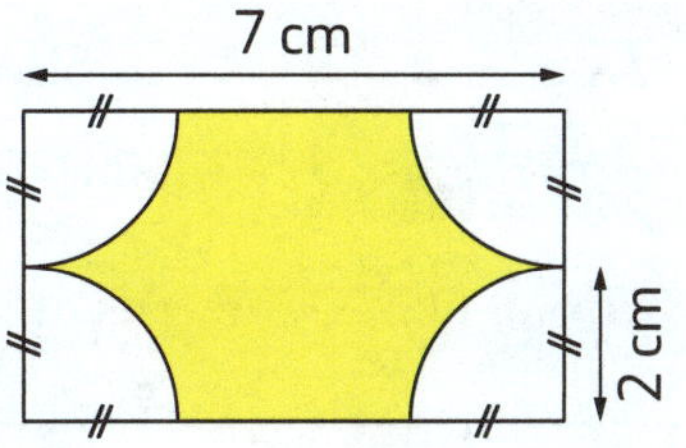

Organisation et traitement des données

Objectif de l'apprentissage	Évaluation
14. Résoudre des problèmes en lisant et interprétant les données.	

14 PROBLÈME Voici l'évolution de la croissance d'un chêne au cours des années.

- **Observe** le graphique, puis **complète**.

En moyenne, la hauteur d'un chêne à 15 ans est de : .... m.

En moyenne, un chêne mesure 25 m de haut à : .... ans.

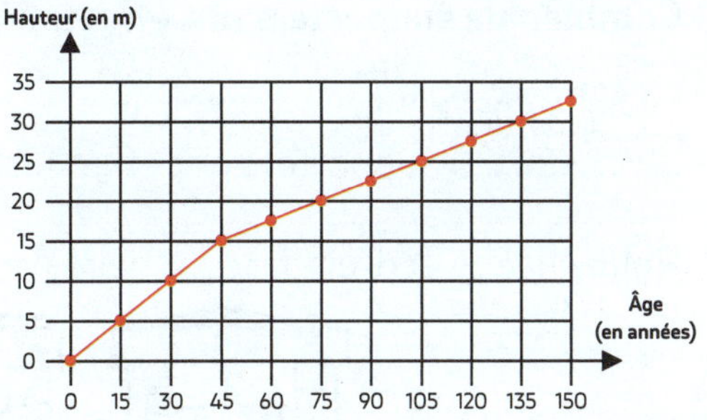

Voici la répartition forestière du Maroc.

Type de forêts	Naturelles	Artificielles (Reboisement)
Superficie (ha)	8 547 200	530 000

- **Quel type de forêt occupe la plus grande superficie au Maroc ?** ....
- **Quelle superficie occupe l'ensemble des forêts au Maroc ?** ....

....

T Traitement de fin d'année

Objectifs de l'apprentissage	Évaluer les compétences des élèves à la fin de la cinquième année.

Après la correction, entoure (juste) si l'exercice est juste, (moyen) partiellement juste ou (faux) faux.

1 **Entoure** en vert la planète la plus proche du Soleil et en rouge la plus éloignée.
Range ces planètes de la plus proche du Soleil à la plus éloignée.

Terre	Jupiter	Vénus	Saturne	Mercure	Mars

149 000 000 km	790 000 000 km	108 000 000 km	1 429 000 000 km	58 000 000 km	228 000 000 km

....

....

2 **Écris** le nombre de millions d'habitants de chaque continent comme dans l'exemple.

Continents	Habitants (2019)
Afrique	1 320 039 000
Europe	743 103 000
Océanie	41 826 000
Asie	4 584 807 000
Amérique	1 024 802 000

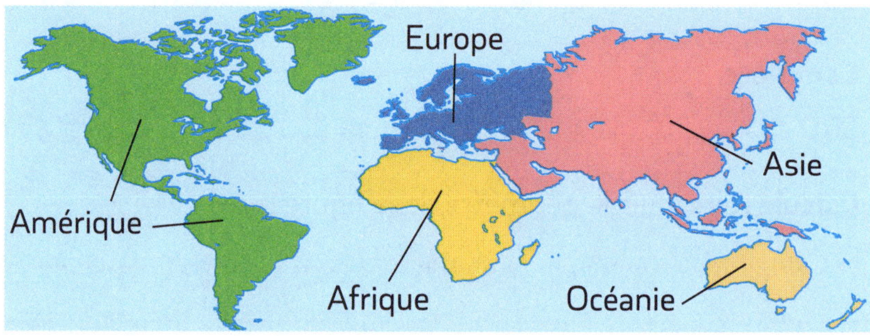

Afrique : 1 320 millions ; ....

....

Quels continents comptent entre 500 millions et 2 milliards d'habitants ?

....

3 PROBLÈME **Entoure** en rouge l'énoncé qui se résout en effectuant une division, en vert celui qui se résout en effectuant une multiplication. Pour chaque énoncé, **calcule** et **complète** les réponses.

Les supporters de l'équipe de football occupent entièrement 3 cars de 56 places.
Combien de supporters ont effectué le voyage en car ? ....

.... supporters ont effectué le voyage.

L'école organise une sortie.
Combien de cars de 56 places devra-t-elle prévoir pour transporter 224 passagers ?

....

Elle devra prévoir .... cars.

4 **Relie** chaque écriture fractionnaire (voiture) à l'écriture qui lui correspond (garage).

5 Un groupe de marcheurs a noté la distance parcourue au cours d'une randonnée.

Durée	1 h	2 h 30	4 h	5 h
Distance	4 km	10 km	16 km	20 km

Complète le graphique correspondant à ces données.

À l'aide du graphique, **indique** la distance parcourue :

– en 2 heures : ....

– en 3 h 30 : ....

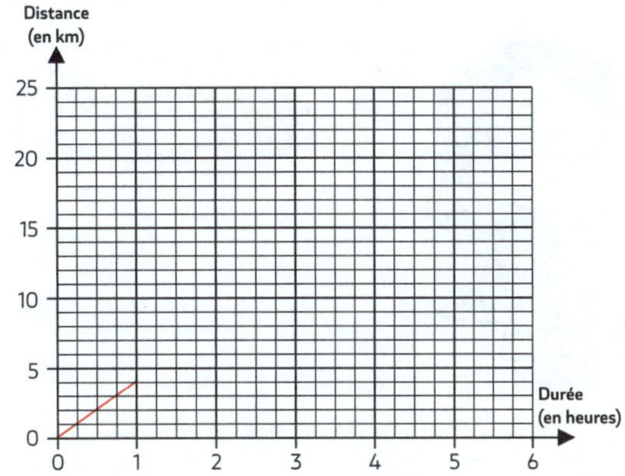

6 **Relie** chaque véhicule à son compteur.

40 km en 15 min

40 km en 20 min

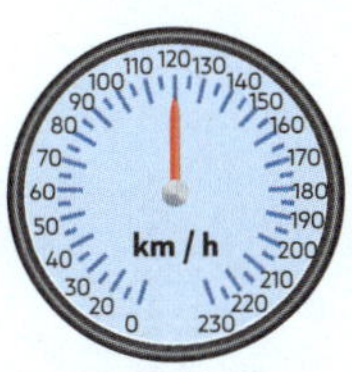

7 Un avion de ligne parcourt 630 km en trois quarts d'heure.

Quelle distance parcourt-il en un quart d'heure ?

....

Quelle distance parcourt-il en une heure ?

....

Quelle est sa vitesse, en km/h ?

....

8 **Entoure** le vélo le moins cher.

....

....

9 Un terrain de football a une longueur de 100 m et une largeur de 50 m.

À l'échelle $\frac{1}{1\,000}$, quelles sont, en cm, la longueur et la largeur du terrain ?

....

....

....

....

....

10 Parmi ces voitures, **entoure** la plus longue.

3 627 mm

421 cm

3 m 96 cm

Je lis, j'écris les nombres en chiffres et en lettres

Classe des milliards			Classe des millions			Classe des mille			Classe des unités		
c	d	u	c	d	u	c	d	u	c	d	u
		7	0	8	5	2	0	0	0	0	0

nombre de millions (7 0 8 5)

7 085 200 000 ➔ sept **milliards** quatre-vingt-cinq **millions** deux cent **mille**

Je trouve l'inverse d'un nombre ou d'une fraction

Inverse d'un nombre entier

Inverse de 5 ➔ $\frac{1}{5}$

Inverse d'une fraction

Inverse de $\frac{5}{3}$ ➔ $\frac{3}{5}$

Je multiplie ou je divise des fractions

Produit de deux fractions

Pour multiplier deux fractions :
- je multiplie les numérateurs entre eux ;
- je multiplie les dénominateurs entre eux.

$$\frac{7}{4} \times \frac{3}{5} = \frac{7 \times 3}{4 \times 5} = \frac{21}{20}$$

Quotient de deux fractions

Pour diviser deux fractions,
je multiplie la première par l'inverse de la seconde.

$$\frac{7}{4} \div \frac{3}{5} = \frac{7}{4} \times \frac{5}{3} = \frac{7 \times 5}{4 \times 3} = \frac{35}{12}$$

Je simplifie une fraction

Pour simplifier $\frac{24}{32}$, j'utilise le plus grand diviseur commun (PGDC).

- Je fais la liste des diviseurs de 24 et de 32 :

  Diviseurs de 24 : 1 ; 2 ; 3 ; 4 ; 6 ; 8 ; 12 ; 24
  Diviseurs de 32 : 1 ; 2 ; 4 ; 8 ; 16 ; 32
  } Je trouve le plus grand diviseur commun : 8.

- Je simplifie la fraction en divisant le numérateur et le dénominateur par le plus grand diviseur commun :
  24 ÷ 8 = 3 et 32 ÷ 8 = 4.

➔ La fraction simplifiée de $\frac{24}{32}$ est $\frac{3}{4}$.

Je calcule un quotient décimal

Pour calculer le quotient décimal au centième près de 68 divisé par 7

- J'écris **68,00** divisé par **7**.
- J'effectue la division sans oublier d'écrire la virgule au quotient.

Le quotient de la division de 68 par 7 **au centième près** est 9,71.
Le reste est 3 **centièmes**.

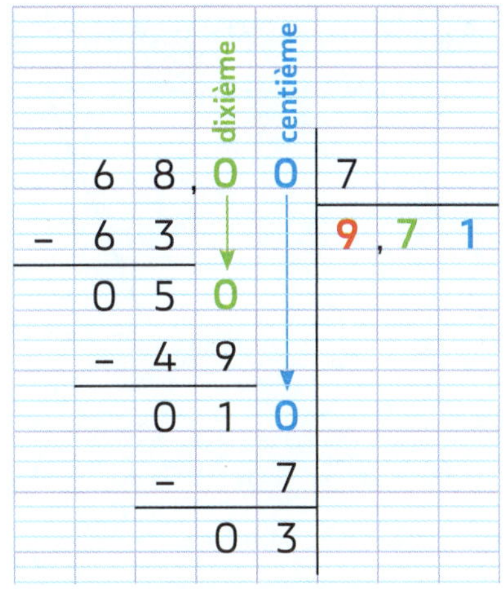

Je multiplie deux nombres décimaux

Pour multiplier 13,45 par 2,6 :

- J'effectue l'opération sans tenir compte des virgules.
- Je place la virgule dans le résultat en comptant le nombre total de chiffres après la virgule dans les nombres à multiplier.

→ 13,45 × 2,6 = 34,970

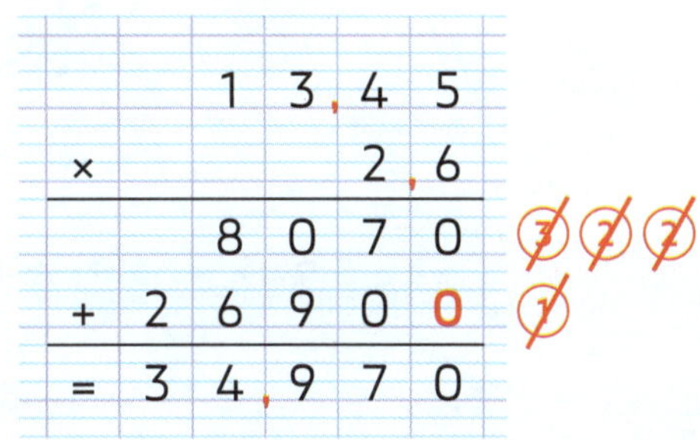

Je connais la puissance 2 et la puissance 3

La **puissance** est écrite en haut à droite et de taille plus petite que le **nombre** : 4^3.

La puissance 2

$10 \times 10 = 10^2 = 100$
$9 \times 9 = 9^2 = 81$

La puissance 2 est appelée « carré ».

La puissance 3

$2^3 = 2 \times 2 \times 2 = 8$
$5^3 = 5 \times 5 \times 5 = 125$

La puissance 3 est appelée « cube ».

Je calcule une vitesse

Un véhicule qui se déplace à une vitesse de 60 km/h parcourt 60 km en une heure.
Pour résoudre un problème sur les vitesses, je peux utiliser un tableau de proportionnalité.

÷ 4

Distance (km)	12	3
Temps (min)	60	15

Si Amine court à la vitesse de 12 km/h, il parcourt 12 km en 60 min, soit 3 km en 15 min.

Je connais les règles de calcul des aires des polygones usuels

Aire du parallélogramme

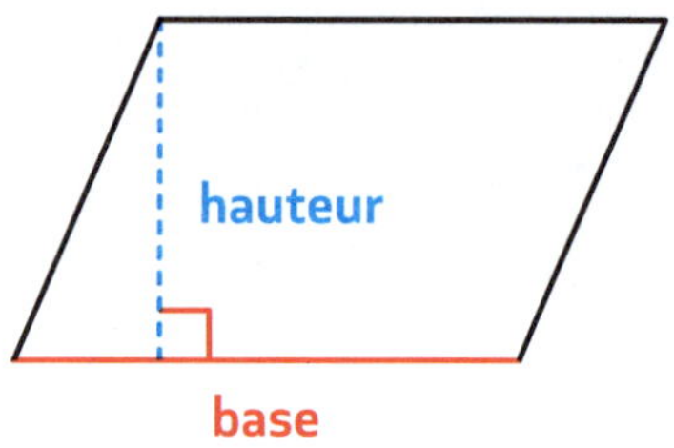

Aire = base × hauteur

Aire du losange

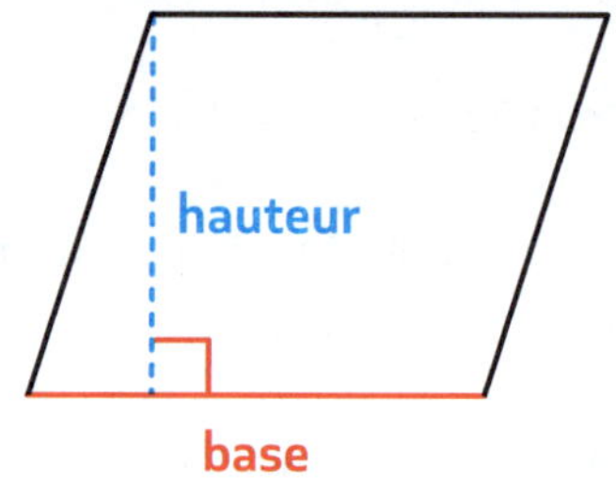

Aire = base × hauteur

Aire du triangle

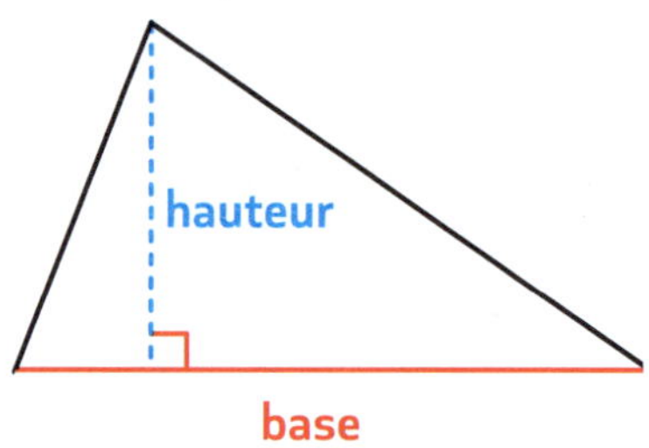

$$\text{Aire} = \frac{\text{base} \times \text{hauteur}}{2}$$

Aire du trapèze

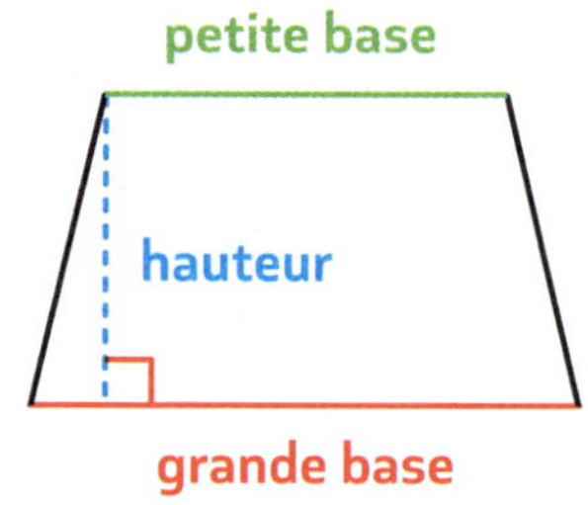

$$\text{Aire} = \frac{(\text{grande base} + \text{petite base}) \times \text{hauteur}}{2}$$

Je connais les règles de calcul de la circonférence du cercle et de l'aire du disque

Circonférence du cercle = diamètre × 3,14

Aire du disque = rayon × rayon × 3,14

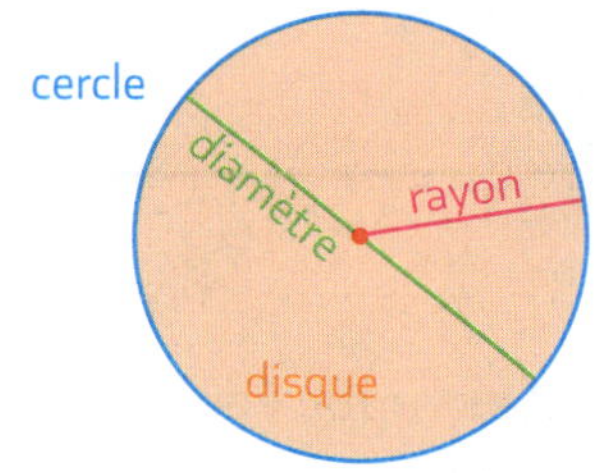

Je connais les règles de calcul de l'aire latérale et de l'aire totale des solides droits

$A_{\text{Latérale}}$ = périmètre de la base × hauteur

$A_{\text{Totale}} = A_{\text{Latérale}} + 2 \times$ aire de la base

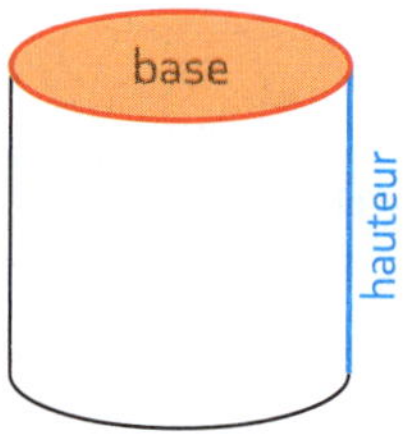

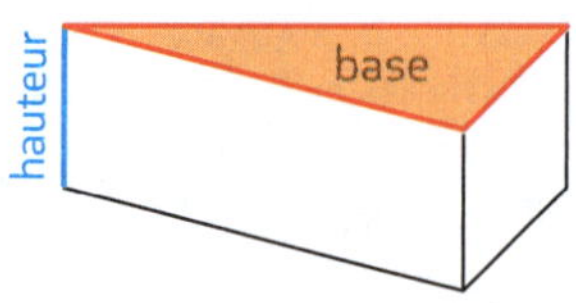

Je trace un angle avec le rapporteur

Je trace un angle $\widehat{A}$ de 30°.

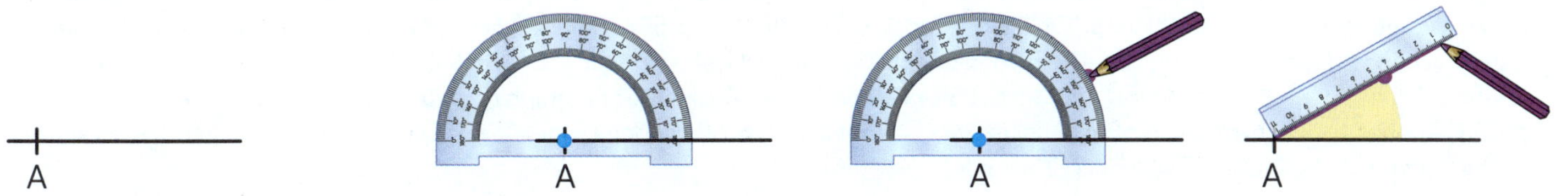

Je reconnais les différents triangles et leurs propriétés

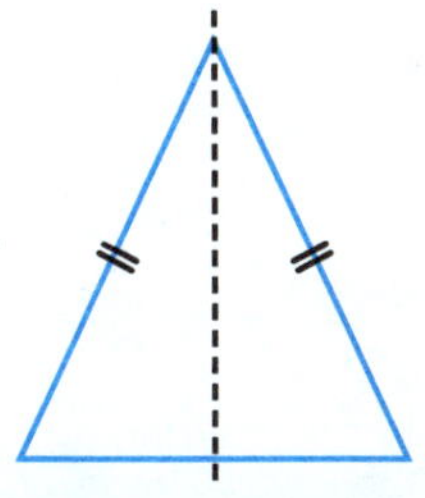

TRIANGLE ISOCÈLE
- 2 côtés de même longueur
- 1 axe de symétrie

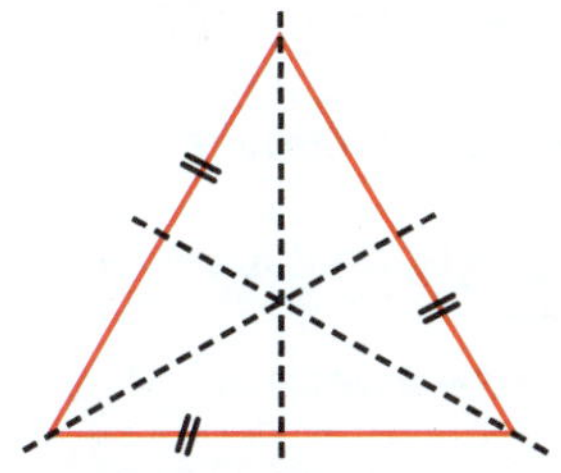

TRIANGLE ÉQUILATÉRAL
- 3 côtés de même longueur
- 3 axes de symétrie

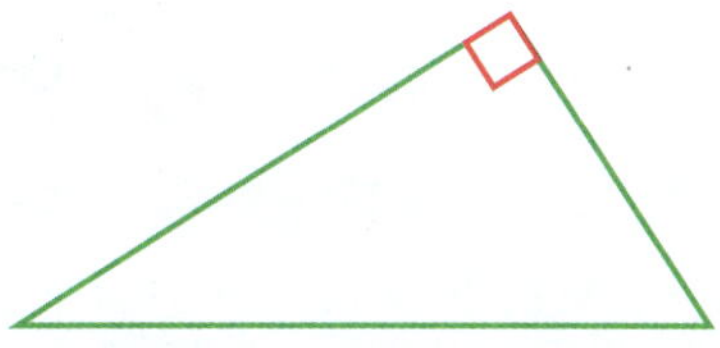

TRIANGLE RECTANGLE
- 1 angle droit
- Pas d'axe de symétrie

Je reconnais les patrons des solides droits

Patron de pavé droit

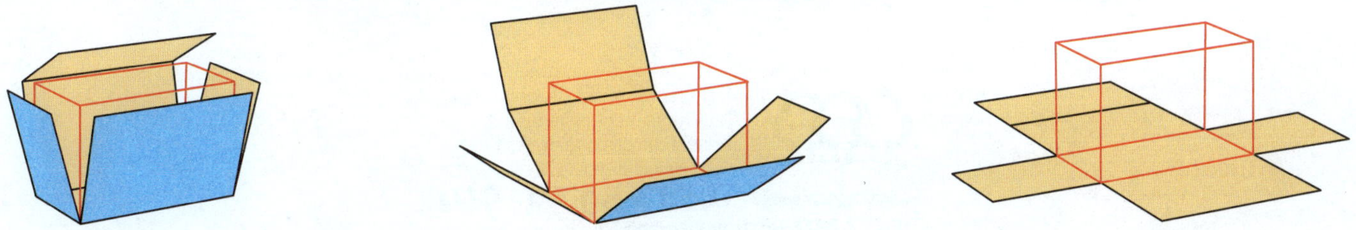

Patron de prisme droit

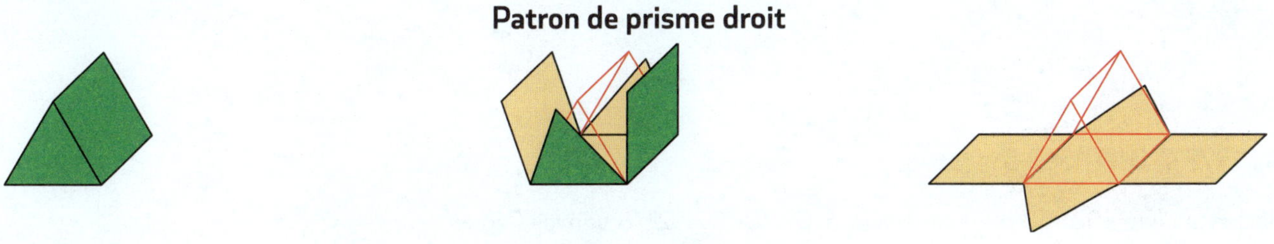

Patron de cylindre droit

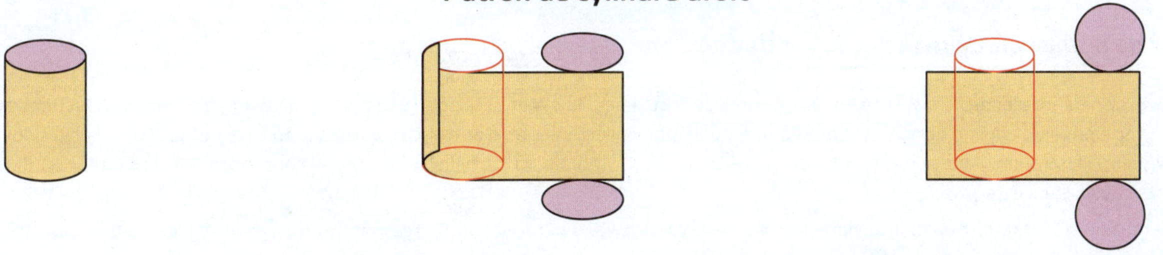

Crédits photographiques :

p. 9 : Adobe Stock © Prostock-studio ; **p. 15 :** Adobe Stock © JK2507 ; **p. 16 :** Adobe Stock © Destina ; **p. 21 :** Adobe Stock © peacefoo ; **p. 24h :** Adobe Stock © Dusan Kostic ; **p. 24b :** Adobe Stock © Magalice ; **p. 30 :** Adobe Stock © beatrice prève ; **p. 31 :** Adobe Stock © Markus Bormann ; **p. 32h :** Adobe Stock © Nataly-Nete ; **p. 32b :** Adobe Stock © denira ; **p. 33 :** Adobe Stock © Lsantilli ; **p. 43h :** Adobe Stock © Ekaterina ; **p. 43b :** Adobe Stock © mzennan ; **p. 46 :** Adobe Stock © stockphoto-graf ; **p. 47h :** Adobe Stock © Kindarts ; **p. 47b :** Adobe Stock © theblackrhino ; **p. 59h :** Adobe Stock © Thierry RYO ; **p. 59b :** Adobe Stock © PixieMe ; **p. 60 :** Adobe Stock © Anna Lurye ; **p. 63h :** Adobe Stock © pinkpixel111 ; **p. 63b :** Adobe Stock © WavebreakMediaMicro ; **p. 65h :** Adobe Stock © oksanatrautwein ; **p. 65b :** Adobe Stock © MOHAMED_TAZI ; **p. 66h :** Adobe Stock © Phish Photography ; **p. 66b :** Adobe Stock © massimo_g ; **p. 68g :** Adobe Stock © byrdyak ; **p. 68m :** Adobe Stock © PhotoSerg ; **p. 68d :** Adobe Stock © catfish07 ; **p. 74 :** Adobe Stock © alexlmx ; **p. 75g :** Adobe Stock © Darko Zivkovic ; **p. 75d :** Adobe Stock © vladstar.

Police SG STYLO © 4 HEURES 21/11/2003

p. 10 et 11, les nombres d'habitants dans les villes marocaines sont arrondis au millier supérieur (source : *Maroc en chiffres*).

Création de la maquette de couverture : Florence Le Maux

Exécution de la maquette de couverture : Médiamax

Création de la maquette intérieure : Florence Le Maux

Mise en pages : Médiamax

Illustrations : Sylvain Frécon

Dessins techniques : Jacky Choi, Anaïs Thibaud

Fabrication : Marc Chalmin

Édition : Maud Kassir

PAPIER À BASE DE FIBRES CERTIFIÉES

hachette s'engage pour l'environnement en réduisant l'empreinte carbone de ses livres. Celle de cet exemplaire est de : **0,583 kg éq. CO_2** Rendez-vous sur www.hachette-durable.fr

ISBN : 978-2-01-711562-5

Achevé d'imprimé en Italie par L.E.G.O. S.p.A. Lvis (TN)
Dépôt légal : Mars 2021 - Collection n° 85 - Édition 01
73/9319/8